Ulrich L. Lehner

Gott ist unbequem

Ulrich L. Lehner

Gott ist unbequem

Eine Herausforderung

Mit einem Vorwort von Johannes Hartl

Vom Autor aus dem Englischen übersetzt

HERDER

FREIBURG · BASEL · WIEN

Titel der Originalausgabe:
God Is Not Nice. Rejecting Pop Culture Theology and
Discovering the God Worth Living For
© Ave Maria Press, Notre Dame 2017
Erstveröffentlichung in den USA durch Ave Maria Press, Notre Dame

Für die deutschsprachige Ausgabe:
© Verlag Herder GmbH, Freiburg im Breisgau 2019
Alle Rechte vorbehalten
www.herder.de

Wenn nicht anders angegeben, so sind die Bibeltexte entnommen aus:

Die Bibel. Die Heilige Schrift
des Alten und Neuen Bundes.
Vollständige deutsche Ausgabe
© Verlag Herder, Freiburg im Breisgau 2005   DIE BIBEL

Umschlaggestaltung: Gestaltungssaal, Rosenheim
Umschlagmotiv: © alejandro dans neergaard / shutterstock,
© Lukasz Szwaj / shutterstock

Satz: Daniel Förster, Belgern
Herstellung: GGP Media GmbH, Pößneck

Printed in Germany

ISBN Print 978-3-451-03165-6
ISBN E-Book 978-3-451-81681-9

INHALT

VORWORT

Dieses Buch ist eine Unverschämtheit. Es scheint sich kein bisschen um die Themen zu kümmern, die Menschen beschäftigen, denen es heute in Deutschland noch um den Glauben geht. Liest man derzeit etwas über die Kirche und geht es dabei ausnahmsweise einmal nicht um Missbrauch, rangiert das Thema der Zeitgemäßheit hoch im Kurs. Ob die Kirche noch zeitgemäß sei. Ob diese oder jene Lehrmeinung dem heutigen Menschen noch zu vermitteln sei. Wie die Kirche sein müsse, dass sie es überhaupt noch vermöge, moderne Menschen anzusprechen. Ob etwas in die Gegenwart passt, ob es auf der Höhe der Zeit ist oder nicht vielmehr überholt, im Gestern erstarrt, veraltet, das scheinen Argumente mit Ausschließlichkeitscharakter zu sein. Denn es müsse doch, folgerichtig in derselben Logik, darum gehen, Menschen anzusprechen. Der Mensch steht doch im Mittelpunkt. Etwas theologischer formuliert wird die »Lebenswelt« der Gegenwart zum Maßstab, an dem sich bitte auch die kirchliche Verkündigung zu orientieren habe. Nun ist keine einzige dieser Aussagen unberechtigt. Selbstverständlich tut die Kirche gut daran, zu überlegen, ob und wie ihre Botschaft heute noch verstanden werden kann. Und ohne jeden Zweifel geht es beim Glauben immer um den Menschen in seiner Würde und seiner Einzigartigkeit. Frappierend ist jedoch die Leerstelle, die sich inmitten all der Fragen und Aussagen bezüglich des Zeitgemäßen auftut. Es ist die Frage, was denn nun eigentlich wahr ist. Solange nicht klar ist, was die Aussage sein soll, ist die Frage nach der Vermittlung sinnlos. Da-

rauf auszuweichen, dass man aber doch auch auf den Gesprächspartner eingehen müsse, verschleiert eine grundsätzliche Tatsache.
Wenn man selbst keinen Standpunkt vertritt, ergibt sich trotz aller Dialogbereitschaft kein echtes Gespräch. Man verliert auch alle
Relevanz als Gesprächspartner außer für jene, die ohnehin nur
sich selbst reden hören wollen und Widerspruch scheuen. Eine
zweite Leerstelle klafft zwischen all den Fragen nach der Relevanz der Kirche und der Frage, wie sie heute noch bei den Menschen ankommt. Es ist die schlichte, aber profunde Frage, wie sie
denn eigentlich bei Gott ankommt. Klingt das zu naiv? Wie genau
man das erfahren kann, sei noch einmal hintangestellt. Doch liegt
nicht auf der Hand, dass das die zentrale Frage ist? Welche Relevanz hat das, was wir sagen und tun, für Gott – falls es ihn gibt?
Man stelle sich eine Geburtstagsparty vor, bei der alles stimmt.
Die Lampions hängen richtig, die Bowle mundet vorzüglich, der
Nudelsalat findet reißenden Absatz und zur Musik wird ausgelas-
sen getanzt. Die Gäste sind bester Laune. Wie wäre all das, wenn
das Geburtstagskind nicht anwesend wäre? Oder wenn ihm/ihr
alles überhaupt nicht zusagte? Die ganze Party steht und fällt mit
dem, der gefeiert wird. Das deutsche Wort »Kirche« stammt vom
griechischen Wort »Kyriake« ab und bedeutet: die Versammlung
des Herrn. Eine Veranstaltung also, die einen Herrn hat. Ein Fest,
zu dem ein Gastgeber lädt. Er ist das Zentrum der Feier, er ist ihre
Ursache. Christen feiern Gottesdienst. Hört man sie aber nachher
darüber reden, könnte man fast meinen, es sollte besser »Men-
schendienst« heißen. Denn die Lieder wurden ausgesucht, um
sowohl die jüngeren als auch die älteren Besucher anzusprechen.
In der Predigt ging es darum, ein guter Mensch und hilfsbereiter
Nachbar zu sein. Die Vorbereitung auf die Erstkommunion ist so
gestaltet, dass sie selbst dem Glauben fernstehenden Eltern ganz
sicherlich keinerlei Anlass dazu gibt, irgendetwas daran nicht zu
mögen. Und die ganze Veranstaltung scheint sich um Menschen
zu drehen, um ihre Erwartungen und Bedürfnisse. Eine Party, so

könnte man frech sagen, die auch ganz gut ohne Geburtstagskind funktioniert, vielleicht sogar besser.

Dass so etwas aber keine Kraft hat, keine Tiefe und keine Ausstrahlung, muss nicht verwundern. Gott ist nicht nur das Zentrum der Kirche, er ist auch das, was sie attraktiv macht. Tatsächlich ist das einzig Interessante an der Kirche die Tatsache, dass man dort Gott begegnen kann. Kann man das nicht, finden sich Wellnessangebote, Psychotherapie oder politische Parteien, die die exakt gleichen Werte ohne den metaphysischen Ballast ebenso und meist besser anbieten.

Doch der Schatz, der den Christen anvertraut ist, ist unaussprechlich groß. Seine Relevanz kann nicht überschätzt werden. Er ist nicht weniger als das: die Kenntnis Gottes. Für wen das überheblich klingt, dem sei die Lektüre des Neuen Testaments empfohlen. In Jesus Christus, so bekennen die Evangelisten und Apostel geradewegs, hat Gott sich selbst kundgetan. Unüberbietbar, endgültig und verbindlich. Was Jesus gebracht hat, war nicht die Ethik. Zu Recht weisen Kirchenkritiker darauf hin, dass es bereits bei den Griechen und natürlich bei den Juden weitgehend ähnliche Konzepte wie beispielsweise die Feindesliebe gab. Das Neue, das Jesus brachte, war seine Offenbarung, wie Gott ist. Und nichts, aber auch gar nichts daran hat heute an Faszination und Relevanz verloren. Tatsächlich ist erstaunlich, wie lebendig die Frage nach Gott auch heute noch ist. Bücher darüber, ob es Gott gibt oder auch nicht gibt, belegen seit Jahren immer wieder die Spitzenplätze der Bestsellerlisten (Manfred Lütz: Gott; Richard Dawkins: Der Gotteswahn). Lebensberichte, gerade aus Krisenzeiten, enthalten erstaunlich häufig Bezüge auf den Glauben (Hape Kerkeling: Ich bin dann mal weg; Horst Lichter: Und plötzlich guckst du bis zum lieben Gott). In der Ratgeberliteratur sieht es kaum anders aus (Eva-Maria Zurhorst: Liebe dich selbst und es ist egal, wen du heiratest). Die genannten Bücher gingen allesamt in Höchstauflagen über die Ladentheke. Davon, dass das Thema Gott heute aus der Mode gekommen ist, kann überhaupt nicht die Rede sein. Doch kann es vielleicht sein, dass die Kirche über alles andere redet als über ihn? Wann sind Sie das letzte Mal in eine Kirche gegangen und haben dort eine Predigt gehört, in der es einfach um Gott ging? Um sein Wesen, seine Allmacht etwa, seine Heiligkeit, seine Liebe, sein dreifaltiges Wesen? Eine Predigt ferner, die Sie zum Staunen über ihn gebracht hat, ja zur Anbetung? Kennen Sie Christen, kennen Sie Geistliche, denen man ansieht, dass sie zutiefst gepackt sind von diesem Gott und ebenso packend über ihn sprechen können? Falls ja: herzlichen Glückwunsch! Die Vermutung liegt nahe, dass besagte Verkündiger Zuhörer finden. In einer Welt, die sich inmitten ihres Konsums und ihrer »Unterhaltung« zu Tode langweilt, strahlt nichts so hell wie Augen, die fest auf das Unsichtbare gerichtet sind.

Die ganze Kraft des Christentums liegt im Inhalt seiner Verkündigung: sie liegt in Gott selbst, der heute noch erfahrbar ist, den man kennenlernen kann. Wird dieser Gott jedoch auf die harmlose Passform des für den modernen Menschen Unanstößigen heruntergedampft, kommt die Botschaft auch um ihre Kraft. Und natürlich macht dann alles keinen Sinn mehr. Weshalb sollte es einer Erlösung bedürfen, weshalb gar einer so erschreckenden Geschichte wie jener von der Kreuzigung Jesu, wenn Gott ohnehin dem verständnisvollen Opa gleicht, der zu allem, was Menschen tun, friedlich lächelt, aber letztendlich keine Meinung dazu hat? Ein Gott, der sich dem Bösen nicht entschieden entgegensetzt, es benennt und richtet, der kann auch nicht retten. Ein Gott, vor dem man nicht erbeben kann, vermag auch nicht zu faszinieren. Allzuoft ist ein solches harmloses Gottesbild nichts weiter als die Projektion unserer Vorstellungen von einem freundlichen Menschen. Kein Wunder, dass in heutigen Kirchen kaum mehr gekniet wird. Wovor auch?

So ist diesem Buch energischer Widerspruch zu wünschen. Es predigt das Gegenteil des Kurses, auf dem die westliche Christenheit unterwegs ist. Es soll, darf und muss anecken. Wer sich an seinen Aussagen nicht stößt, ist innerlich schon stumpf geworden für die Provokation Gottes. Dass er so anders ist. Dass es ihn überhaupt gibt und nicht der Mensch Maß aller Dinge ist. Dass dieser erhabene, ungezähmte Gott die Wahrheit selbst ist. Die Wahrheit ist nicht immer nett. Doch sie macht immer frei.

Johannes Hartl

1. GOTT IST NICHT ZUM KUSCHELN DA: EIN FALSCHES GOTTESBILD

»Gott ist nicht nett. Er liebt einige mehr als andere.« Meine Studenten in einem Einführungskurs in die Theologie wirkten auf einmal aufgeregt. Manche Gesichter sahen verstört aus, andere gereizt, wieder andere wie vor den Kopf gestoßen. Ich hielt mein Lächeln zurück, denn schließlich wollte ich meine Studierenden ja auf etwas Wichtiges hinweisen, aber es war einer der Momente, die das Herz jedes Lehrers höher schlagen lassen – der Augenblick, in dem etwas in den Köpfen der Zuhörer klickt und eine Diskussion in Gang kommt. Plötzlich waren ein Dutzend Hände in der Luft, die alle darauf warteten, eine Frage zu stellen …

Aber warum hatte diese Binsenwahrheit ein solches Ergebnis? Was hatte meine Studenten denn so verstört, dass sie auf einmal aus ihren Lehrbüchern aufblickten? Die Antwort ist, wie ich meine, ganz einfach: Sie hatten bisher noch nie jemanden so etwas Unbequemes sagen gehört wie »Gott ist nicht nett« oder »Gott ist nicht lieb« oder »Gott ist nicht zum Kuscheln da«. Meine Spitze hatte den zentralen Glaubenssatz getroffen, der uns von der Popkultur, sozialen Medien und leider auch vielen Kirchenvertretern eingetrichtert wird: Wenn Gott existiert, dann ist er »ganz lieb« und tut, worum wir ihn bitten. Er ist kein Gott der Liebe, Wahrheit und Gerechtigkeit, sondern der Gott des Wohlfühlens. Man kann mit ihm alles aushandeln, wie mit einem freundlichen Verkäufer auf einem Basar. Für alles findet dieser Gott eine Entschuldigung, sei es Ehebruch, Pornografie, Gier oder Geiz. So ein Gott ist flexibel und wir biegen ihn uns zurecht, sodass wir unser Leben nicht nach ihm ausrichten müssen.

Der Gott, den uns die seichten Propheten vorgaukeln, ist wie ein göttlicher Therapeut. Das Bild hat natürlich etwas für sich und ist biblisch (vgl. Lk 5,31), wenn man es richtig versteht: Christus ist der einzige Arzt, aber die heutige Umdeutung macht ihn zu einem teilnahmslosen Therapeuten, der einfach nur zuhört, aber keine Analyse abgibt und schon gar keine radikalen Maßnahmen vorschlägt. Gott wird zum Kummerkasten herabgewürdigt, an den wir uns wenden, wenn es uns schlecht geht, den wir aber links liegen lassen, sobald Schmerz und Leid verflogen sind. So ein Gott ist bequem, weil man für ihn das Leben nicht verändern muss. Man muss sich nicht von ihm fragen lassen, ob man alles Materielle höher schätzt als die Liebe zu Gott, ob man seine Nächsten wirklich liebt und Jesus nachfolgt. Warum sollte man das Leben für eine Kummerkastentante auch ändern? Gott ist so an den Rand gedrängt, dass er nur mehr zu speziellen Zeiten aus der Verpackung genommen wird, ähnlich wie der Christbaumschmuck.

Zuerst dachte ich, dass die Ursache im Religionsunterricht liegen müsse, den diese Studenten erhalten haben. Aber als ich meinen eigenen Kindern genauer zuhörte, die ich selber im Glauben erziehe, fiel mir auf, dass auch diese oft so über Gott sprachen, als sei er einfach nur nett. Das war ein Schlüsselerlebnis; mir wurde klar: Wenn wir nicht wollen, dass die Kirchen noch leerer werden, dann müssen wir den langweiligen Gott gesellschaftlicher Erwartungen aus unseren Seelenwohnungen verbannen.

Ich selbst bin nicht immun gegen die Anfechtungen eines solchen Gottesbildes. Oft ertappe ich mich dabei, meine Beziehung zu Gott selbst zu vernachlässigen, sie zur Routine werden zu lassen, sie im Konventionellen zu ertränken.

Das Wort Konvention bedeutet zuallererst, dass etwas allgemein ist, eine Übereinkunft. Konventionelles bewegt sich also in ausgetretenen Bahnen und ist nicht aufregend; Konventionelles gibt Sicherheit, stabile Emotionen, aber kein Leben und kein Abenteuer. Bestenfalls geben uns Konventionen ein Gefühl des Wohlgefallens, bis das nächste Erlebnis angestrebt wird, aus dem wir uns Glücksgefühle versprechen. Im Glauben führt es dazu, dass wir die Beziehung zu Gott konventionell werden lassen. Damit sind keineswegs Rituale wie das Stundengebet gemeint, sondern die innere Einstellung, die Gott an den Rand drängt. Wir erwarten von Gott nichts mehr, weil die Gesellschaft um uns herum die Konvention aufgestellt hat, dass Gott höchstens ein schmückendes Beiwerk sein darf, aber nichts, was den Menschen von Grund auf verändert. Man geht am Sonntag höchstens in die Kirche; vom Streben nach Heiligkeit zu reden würde als verrückt gebrandmarkt. In kaum einer Predigt im deutschsprachigen Raum habe ich je davon gehört.

In meinen beinahe 15 Jahren als Theologieprofessor war ich immer wieder erstaunt, dass das am meisten vorgebrachte Standardargument gegen das Christentum nichts mit intellektuellen Schwierigkeiten zu tun hat, sondern eigentlich ein Vorurteil ist: dass nämlich das Christentum einfach stinklangweilig ist. Denn man meint, das Christentum beschränke sich darauf, am Sonntag in die Kirche zu laufen. Leider tut es das für viele, und das scheint mir ein Problem zu sein, welches man in der Katechese einfach nicht wahrhaben will. Niemand will den weichgespülten Gott und die entleerte Theologie, weil man anderswo bessere Glücksgefühle findet: Geht man ins Fitnessstudio, hat man einen Endorphin-Schub, geht man mit Freunden aus, genießt man Geselligkeit – das ist für viele profunder als die Eucharistie. Warum? Weil sie Gott nicht mehr ernst nehmen, da ihnen jahrzehntelang gesagt wurde, Gott würde nicht richten, strafen, aber auch nicht wollen, dass sie sich ändern. Wer auch nur eine Zeile der Bibel gelesen hat, weiß, wie abgrundtief falsch dies ist. Gott will, dass wir uns von der Sünde abwenden und ihm zukehren, dass wir nie bei uns selbst sind außer durch ihn. Anstatt ein Dorn im Fleisch der Konsumgesellschaft zu sein, sind die Kirchen kulturkonform geworden. Gott erscheint als langweilig, und konsequenterweise auch das Volk Gottes.

Deshalb brauchen wir alle die Impfung mit dem Serum des biblischen Gottes, der Menschen radikal umformt und der ein ewiges Geheimnis bleibt: Wir müssen den Gott zurückgewinnen, der Moses im brennenden Dornbusch erscheint, der durch Esel spricht, Dämonen in eine Schweineherde bannt, Saulus zu Boden wirft und einem heiligen Franziskus von Assisi erscheint. Wir müssen uns klar werden, dass der Glaube nur lebendig werden kann, wenn wir selbst Teil der Geschichte Gottes mit seinem Volk werden, uns an Jesus hängen. Dann wird uns plötzlich ein Gott begegnen, der die Macht hat, uns aus unserem Schlafwandel aufzurütteln, uns herauszufordern, zu verändern und unser Leben gefährlich zu machen. Er nimmt uns auf das einzige große Abenteuer mit, das sich im Leben lohnt.

Auf dem Campus meiner alten Universität stand eine alte Kapelle im Zentrum. Sie wurde im 15. Jahrhundert in Frankreich erbaut und in den 1920ern Stein für Stein nach Milwaukee gebracht. Sie ist der heiligen Johanna von Orléans geweiht. In ihrem Inneren gibt es bis heute eine Steinplatte, die die Heilige angeblich vor einer ihrer Schlachten geküsst haben soll. Johanna war ein Teenager, der sich von Gott berufen fühlte und alle Konventionen hinter sich ließ, sich in ein Leben voller Gefahren stürzte und am Ende auch einen gewaltsamen Tod starb. Für einen langweiligen Kuschelgott hätte sie das nicht getan. Hätte sie je zum wilden Gott gefunden durch eine der Predigten in deutschen Kirchen oder gar durch ein Theologiestudium? Ich glaube keinen Augenblick daran.

Wann immer ich an dieser Kapelle vorbei zu meinen Hörsälen ging, betete ich: »Heiliger Geist, führe meine Studenten und gib, dass ich keinen durch meine Worte von Dir wegführe«. Ich rief mir immer die Verantwortung ins Bewusstsein, die man als Lehrer und Universitätsprofessor hat, und die Bescheidenheit, die mich bei meinen eigenen Lehrern am meisten beeindruckt hat. Eines Tages reflektierte ich im Vorübergehen auch über meinen eigenen Glauben und es wurde mir schlagartig klar, dass er sich verwässert hatte, dass er ins Konventionelle abgeglitten war. Ich hatte mich selbst zu distanziert gegeben und in der Vorlesung zu akademisch und zu wenig über meinen eigenen Glauben gesprochen. Wie konnte ich aber andere führen, wenn ich sie nicht an meinem Glaubensleben teilnehmen ließ? Ich hatte den Studenten nicht die Ressourcen vermittelt, die sie brauchten, um mit Jesus zu wandeln, sie nicht zum lebensbringenden Quell geführt, sondern ihnen allenfalls eine Flasche abgestandenes Wasser gereicht. Mein eigener Glaube war langweilig geworden, leblos und ohne Abenteuergeist.

Diese Offenbarung war wie ein Blitz – schön und doch furchterregend. Ich fühlte das brennende Feuer, von dem die Heiligen sprachen, von Gottes Liebe, das uns verzehrt, aber nicht zerstört. Diese Einsicht zwang mich in die Knie. Ich stellte mir Jesus vor, wie er mir gegenüber steht als der Herausfordernde, der Hörende, aber auch als der Heilende. Das war der Ansporn, die Bequemlichkeitszone meines Glaubens zu verlassen, mich aufzumachen, mit Jesus zu wandern, statt stillzustehen, und ihn so in allem zu finden, wie der heilige Ignatius von Loyola sagt.

Aber wie sollte ich das meinen Studenten vermitteln? Die Antwort kam mir, als ich die Prüfungsarbeiten im Garten korrigierte. Ich hatte die Studenten gebeten, über die Israeliten und ihren Auszug aus Ägypten zu schreiben – eine faszinierende, abenteuerliche Geschichte über eine Wüstenwanderung, im Sturzwasser versinkende Soldaten und unerschütterliches Gottvertrauen. Doch was ich las, ließ sich in etwa darauf reduzieren: »Gott half den Israeliten, weil sie zu ihm gebetet haben.« Nun war das zwar nicht falsch, aber eine Verkümmerung der eigentlichen Botschaft. Ich realisierte, dass die meisten Studenten über Gott wie über einen Automaten dachten, in den wir Münzen (Gebete) einwerfen und einen Schokoladenriegel herausbekommen. An so einen Gott wendet man sich dann aber auch nur in Ausnahmefällen. Daher sprach ich in der nächsten Vorlesung über die Geschichte der Erlösung im Alten Testament. Abraham wurde aus Ur fortgerufen ins Ungewisse. Er verließ alles, um Gott zu folgen, ganz auf sein vages Versprechen hin, dass er ihn in ein gelobtes Land führen werde. Wir sprachen über Moses und den Dornbusch, vor dem er seine Sandalen löste, weil er auf heiligem Boden stand, und über Elija, der von Raben gespeist wurde und Gottes »Stimme verschwebenden Schweigens« (1 Kön 19,12 Buber/Rosenzweig-Übersetzung) im säuselnden Wind vernahm. Geschichte über Geschichte standen hier die Erfahrungen Israels mit einem atemberaubend schönen, aber auch erschreckenden, geheimnisvollen Gott. Vom Kuschelgott war hier nichts zu lesen. Stattdessen lud der biblische Gott zu einem Abenteuer ein, das einen von Grund auf veränderte, auch in Gefahr brachte, aber zu einem großartigen Ziel hinführte. Keiner hat die theologische Summe des christlichen Gottes besser ausgedrückt als C. S. Lewis, der berühmte Literaturwissenschaftler und Apologet, in seinen *Narnia*-Geschichten. Herr Biber erklärt dort auf die Frage des Mädchens Susan, ob der Löwe Aslan, ein Symbol für Jesus, zahm sei: »Er ist wild!«

Wenn wir Gott wirklich wollen, dann dürfen wir ihn nicht zu einem zahmen Gott herabwürdigen. Allerdings sollten wir dann auch nicht überrascht sein, wenn uns seine Vorsehung zu Abenteuern führt, die wir uns nie hätten träumen lassen. Unser Verlangen nach Sicherheit lässt uns Abenteuer und Risiko meiden und Veränderungen fürchten, die wir nicht kontrollieren können. Viel zu oft vergessen wir dabei, dass wir solchen Veränderungen andauernd ausgesetzt sind. Als ich etwa meine Frau zum ersten Mal traf, wurde mir klar, dass sie mein Leben radikal verändern würde. Sie fordert mich jeden Tag stets neu heraus, ein besserer Ehemann und Vater zu sein. Wenn ein Mensch den anderen grundlegend verändern kann, warum trauen wir Gott nicht dasselbe zu? Warum lassen wir uns nicht auf das Abenteuer Glauben ein? Die Gnade Gottes lässt sich nicht zähmen; entweder man nimmt sie an oder nicht. Sie ist gefährlich, weil sie andere Wege geht, als wir wollen, aber, wie C. S. Lewis uns erinnert, sie ist »immer gut«.

Die Gnade Gottes macht uns nicht nett und lieb, was ebenso ein Vorurteil zahlreicher Nichtchristen zu sein scheint. Wenn sie uns nur nett machte, wäre sie doch nicht Gnade, Leben Gottes in uns, sondern nur etwas Oberflächliches – eine Art Zuckerguss. Stattdessen verändert uns die Gnade ebenso, wie sie durch den Heiligen Geist Wein und Brot in Blut und Leib Christi verwandelt. Gottes Pläne durchkreuzen die unseren immer, weil wir uns selbst nicht gut genug kennen, aber trotzdem meinen, genau zu wissen, was das Richtige für uns ist.

Der heilige Johannes vom Kreuz schrieb einmal: »Wenn du meinst, du könntest Gott in der Bequemlichkeit deines Schlafzimmers entdecken, wirst du ihn nie finden.« Die Reise zur Erkenntnis Gottes führt uns weg von unseren angestammten Konventionen, ebenso wie sie Abraham aus Ur wegführte. Lässt man sich aber auf den neuen Weg ein, sieht man die Welt mit anderen Augen, bemerkt Geheimnisse im Kleinen, denen man bisher keine Beachtung geschenkt hat, findet Glück, von dem man meinte, es könne nicht existieren. Nur der Abenteurer kann sehen, was niemand sonst sieht – diese Einsicht haben wir im konventionellen Christentum verloren. Wir fragen uns, warum das Leben keinen Sinn macht, warum wir so unglücklich sind und warum uns unser eigenes Leben zu Tode langweilt; aber wir sollten davon nicht überrascht sein, weil unser kurzsichtiger Blick uns vom einzigen wirklichen Abenteuer im Leben, Gott, fernhält.

Als ich über das Thema dieses Buches nachdachte, kam mir eine Episode aus meiner Gymnasialzeit in den Neunzigerjahren in den Sinn. Damals war ich Ministrant in einer mittelgroßen bayerischen Stadt; wochentags ministrierte ich oft um acht Uhr morgens, bevor ich zur Schule ging. Besonders gerne ging ich bei einem alten Ruhestandspriester zur Messe. Einmal erzählte er mir nach der Messe: »Am Abend vor meiner Priesterweihe 1936 habe ich vor dem Tabernakel gekniet und gebetet: ›Herr, nimm alles, was ich bin und habe, aber bitte gib mir kein langweiliges Leben‹.« Sein Gebet wurde erhört. Er wurde Kriegspfarrer in Russland im Zweiten Weltkrieg und überlebte selbst viele Jahre harscher russischer Kriegsgefangenschaft. All die Jahre der Entbehrung und Krankheit hatten ihn nicht verbittert; er war eine niederbayerische Frohnatur geblieben. »Und keine Sekunde war langweilig!«, fügte er lachend hinzu. Diesen Moment habe ich nie vergessen. Hier hatte ich einen Glauben kennengelernt, der konkret war, und einen Menschen, der damit zufrieden war, im Weinberg des Herrn ein einfacher Arbeiter zu sein und jede Herausforderung anzunehmen. Das imponierte mir gewaltig – genauso wie das stille Gebet nach jeder seiner Messen: Danksagung für sein Priestersein und die Eucharistie. Während andere Geistliche aus der Sakristei spazierten, als kämen sie aus einem Restaurant oder einem Kino, zog sich dieser Priester immer für ein paar Minuten auf die Kniebank zurück. Das war ein Glaube, der einen formte und der nicht nur aus Oberflächlichkeit bestand. Bis zum heutigen Tag denke ich nach jedem Empfang der Kommunion an diesen Priester zurück, der mich gelehrt hat, dankbar zu sein, und ich versuche dieses Beispiel auch meine Kinder zu lehren.

Wenn ich heute vor meinen Studenten stehe, sind mir diese Erinnerungen immer ein Ansporn, von dem Gott zu sprechen, der Leben ist; mehr noch, den zu *bezeugen*, der mich erlöst hat, und nicht einen konventionellen, blutleeren Gott. Der Gott und Vater Jesu Christi ist ein den Menschen radikal einforderndes, oft erschauderndes Geheimnis. Dieses Buch versteht sich daher in erster Linie als Zeugnis, das eine möglichst verständliche Karte zu sein versucht, die zeigt, wie man aus der Bequemlichkeit unseres Gottesverhältnisses herauskommen und dem wilden Gott begegnen kann. Wer tiefschürfende Theologie sucht, eine komplette Dogmatik oder philosophische Antworten, wird sie hier nicht finden, obwohl ich mich bemüht habe, meine Ideen intellektuell redlich darzustellen. Es ist aber eben auch kein »Gefühlsbuch« – ein Genre, dem ich noch nie etwas abgewinnen konnte. Vielmehr zeigt es, dass Gefühle nicht der Schlüssel zum Glauben sein können und dürfen. Alle Karten sind dazu da, Orientierung für das aktive Gehen oder Fahren zu bieten, so auch dieses Buch. Es will zur Begegnung mit Gott führen und nicht nur über ihn reden. Am Ende werden die Leser hoffentlich erkennen, dass Gott viel zu großartig ist, um gezähmt zu werden, und was wir verpassen, wenn wir ihm die Chance verweigern, unser Leben zu durchdringen.

2. DER GOTT DER SCHÖPFUNG

Ich ließ meine kleine Heimatstadt Straubing hinter mir, um in München Philosophie und Theologie zu studieren. Wie viele Studierende fragte ich mich, wer ich denn eigentlich sei und welcher Lebensweg für mich der richtige wäre. Ich versuchte, Gott besser zu verstehen und seinen Plan für mich zu entdecken. Glücklicherweise waren viele meiner Professoren Jesuiten – gerade das Studium an der Hochschule für Philosophie der Jesuiten hat mich tief geprägt ... Einer meiner Professoren empfahl mir die Lektüre von Erich Fromm, einem atheistischen Psychoanalytiker mit jüdischen Wurzeln, und insbesondere dessen Buch *Haben oder Sein.*[1] Fromm hat mich zutiefst erschüttert und geradezu aufgeweckt aus einem Schlummer der Selbstzufriedenheit und Selbstzentriertheit meiner Ideen über Gott.

Nach Fromm gibt es zwei Arten menschlicher Existenz, nämlich die des »Habens« und die des »Seins«. Diejenigen, die sich auf das »Haben« versteifen, wollen Dinge, wie Urlaube, gutes Essen, Gesundheit und betrachten die Welt als großen Kaufladen, aus dem man sich nimmt, was man sich wünscht. Diejenigen aber, die sich auf das »Sein« konzentrieren, entwickeln ihre geistige und geistliche Sphäre weiter, ihre innere Seinstiefe, und streben nach einer aufrichtigen Verbundenheit mit der Welt.

Der Modus des »Seins« motiviert uns, die Selbstzentriertheit aufzugeben und zu aktiven Menschen mit einem wahren Ich zu werden, anstatt konsumierende Maschinen zu bleiben. Ich erkannte, wie sehr ich versucht war, am »Haben« festzuhalten, am konventionellen Leben, am Anhäufen von Dingen, was mir auch schlagartig zu Bewusstsein brachte, dass ich Gott oft primär nur als jemanden betrachtet hatte, der mir hilft, das zu erreichen, was ich gerade wollte. Fromms Buch weckte mich auf und brachte mich auf den Pfad, dem wirklichen Gott zu begegnen, der nie langweilig, aber auch nie bequem war.

Der Realismus der Schöpfung

Fromm ermutigte mich, das Sein zu entdecken. Das war gar nicht so abstrakt, wie es klingt, sondern vermengt mit praktischer Anleitung, wie etwa auf meine eigene Existenz zu achten und mir meines Lebens in der Welt, in der Schöpfung, bewusst zu werden.

Die Reise zu Gott beginnt oftmals mit der Schöpfung, von der wir nur ein Teil sind. Selbst säkulare Umweltaktivisten teilen mit Gläubigen den Wert der Natur und die Verbundenheit der Menschen mit der Natur. Aber der christliche Glaube geht noch weiter. Er ist sogar noch viel radikaler: Wir sind Teil des Kosmos und erfahren unsere Verbundenheit miteinander und mit uns nur in der Schöpfung. Ohne sie sind wir nur zu ganz wenigen Erfahrungen fähig. Wir existieren nach christlicher Tradition in einer Hierarchie des Seins, einer Seinsordnung, in der das Niedrige auf das Höhere, das Materielle auf das Spirituelle abzielt. In der menschlichen Person erzielt die Materie einen neuen Höhepunkt, weil die Person Bewusstsein und eine Seele besitzt. Dadurch soll uns aber auch niemals abhandenkommen, dass wir gegenüber der Natur Verpflichtungen haben, weil wir von ihr abstammen und nie befugt sind, sie zu zerstören oder zu missbrauchen.

Unser Leib ist für uns als Personen etwas anderes als der Körper für ein Tier. Jedes Tier begegnet der Welt als etwas, das seine Bedürfnisse stillt: Eine Katze sieht ihren Besitzer, der ihr Futter gibt; ein Hase nimmt einen Paarungspartner wahr … Als Mensch aber bin ich fähig, eine einigermaßen faire und sachliche Beziehung zu dieser Welt zu entwickeln (absolute Sachlichkeit ist etwas für Gott und die Engel!).[2] Ich kann meine Wünsche und Bedürfnisse und Erwartungen einklammern, und die Wirklichkeit um ihrer selbst willen betrachten. Ich sehe den Baum als Baum, nur um seinetwillen, während das Tier, soweit wir wissen, ihn nur unter dem Gesichtspunkt sieht, wie er zu seinem Überleben dient. Ich kann etwa auch über die Natur der Sexualität nachdenken, anstatt in ihr nur das sexuelle Bedürfnis für mich zu sehen. Diese Art des Denkens gibt mir Einsichten in das Wesen der Dinge und führt mich dazu, die Seinsordnung der Natur zu erkennen.

Der heilige Thomas von Aquin lehrte, dass der Kern allen Wissens wirklich in der »Teilhabe« bestehe. Ich kann an etwas aber nur teilnehmen, indem ich mich diesem zur Verfügung stelle und etwas für mich annehme. Wenn wir die Natur betrachten, wie sie ist, und nicht unsere eigenen Erwartungen auf sie projizieren, dann werden wir überrascht werden von der beeindruckenden Schönheit der Wirklichkeit. Leider hindert aber viel in unserem Leben und insbesondere in der Gesellschaft unsere Fähigkeit, die Welt so zu sehen.

Viele Menschen bauen Konventionen auf, d. h. gesellschaftliche Übereinkünfte, die uns daran hindern, die Wirklichkeit zu sehen. Sie untergraben etwa die Einsicht, es gebe so etwas wie ein »Wesen« oder eine »Natur« der Dinge, die wir mit der Vernunft erfassen können. Besonders postmoderne Philosophen und Theologen haben sich seit den 1960ern am Abriss der Wesenseinsicht beteiligt. Sie gaukeln vor, die Natur des Menschen oder der Sexualität lasse sich nicht erschauen, weil jeder etwas anderes sehe. Allerdings haben sie zwei gravierende Fehler begangen: Diese stupiden Polemiken, die ich mir selbst an der Universität anhören musste, gehen völlig fehl, denn die traditionelle Philosophie vertritt keine vollständige Wesens-Schau, wie es ihr hier unterstellt wird – auch kein Phänomenologe würde das je tun. Die scholastischen Philosophen haben immer darauf hingewiesen, dass wir nur wenige, allgemeine

Aspekte der Natur eines Dinges erfassen können, von einer allumfassenden Einsicht kann also keine Rede sein. Zweitens, wenn wir nicht zumindest einen Teil des Wesens eines Dinges erfassen können, dann können wir ein solches Ding auch nicht benennen und nicht darüber reden. Unsere Worte werden bedeutungslos, wenn die Begriffe »Wetter«, »Hund« oder »Essen« nicht ein ungefähres Wesen widerspiegeln. Wir wissen, was Wetter ist, wenn wir einen Satz bilden: »Das Wetter ist grässlich heute.« Begriffe sind, wie Thomas von Aquin einmal sagte, nur die Schatten von Dingen. Je mehr etwas erkennbar ist, desto mehr entzieht es sich unserer begrifflichen Fassung. An Gott sehen wir das am besten; wir können ihn nicht in Begriffen fassen, weil er das höchste Erkennbare ist. Oder aber auch am Sein, weil alles, was ist, schon in ihm enthalten ist. Wir kennen das Sein am besten, weil wir in ihm sind, aber ausdrücken können wir es dennoch nicht sonderlich gut.[3] Wenn wir die Einsicht aufgeben, dass wir in unseren Begriffen, die denkerischer Arbeit entspringen, etwas vom Wesen der Dinge erkennen, dann geben wir auch die Idee auf, dass es eine Ordnung in der Welt gibt, die es zu entdecken und zu respektieren gilt. Erst dieses Vergessen der natürlichen Ordnung erlaubt uns, andere Menschen und die Natur rücksichtslos auszubeuten oder zu zerstören; sie werden für uns eine Ressource, um unsere Wünsche zu stillen. Das ist eine Vergewaltigung der Wirklichkeit.

Oft blockieren wir unsere Sicht auf die Wirklichkeit und ihre Ordnung durch unsere schlechten Entscheidungen und Angewohnheiten: Wenn ich etwa andauernd zu viel Alkohol trinke, dann messe ich dem Alkohol einen größeren Wert bei, als er verdient, und meine Ordnung der Wirklichkeit ist pervertiert. Oder wenn ich mich etwa kontinuierlich der Internetpornografie aussetze, dann darf es mich nicht verwundern, dass ich einen völlig verdrehten Begriff von der menschlichen Sexualität und der menschlichen Person habe. Daher müssen wir uns darüber klar werden, welche Wirklichkeitsfilter wir eigentlich besitzen, die es uns nicht erlauben, die Wirklichkeit in aller Sachlichkeit zu sehen: Die Seinsordnung und Hierarchie der Werte, was man gemeinhin Teleologie nennt. Erst dann hören wir auf, unsere Wünsche auf die Wirklichkeit zu projizieren und sie ihnen zu unterwerfen. Das ist insbesondere der Fall, wenn wir im Konsumrausch gefangen sind, im Modus des »Habens«, da wir dann andere als Dinge behandeln, als Mittel zum Zweck.

Menschliches Verhalten ist demnach ganz anders als das von Tieren, die nur ein sehr begrenztes Wissen um die Wirklichkeit haben und sie nicht als Welt für sich allein wahrnehmen; für sie ist die Welt immer in den Kontext des Überlebens eingebettet. Menschen sind gezwungen, ihre Beziehung zur Welt erst zu erarbeiten, müssen sich entscheiden, weil sie eben nicht vollständig durch Instinkte bestimmt sind. Wir sind dazu verurteilt, frei zu sein, und darin liegt eine Ähnlichkeit zu Gott. Wir sehen die Welt nämlich nicht genauso wie die Tiere, aber auch nicht wie die Engel. Vielmehr entdeckt der menschliche Verstand Ordnung im Chaos und sinnt über die Dinge um uns herum nach. In diesem umsichtigen Betrachten von allem, was ist, zeigt sich ebenso eine gottebenbildliche Qualität des Menschen.[4]

Leider missbrauchen wir aber diese Freiheit ständig gegen die göttliche Ordnung. Diese Rebellion gegen die Ordnung, die unser Leben bestimmt, kam mir eines Tages so richtig zu Bewusstsein, als ich im Supermarkt vor dem tiefgefrorenen Fleisch stand. Wie behandeln wir diese Tiere eigentlich? Sehe ich sie als Teile der Ordnung der Wirklichkeit und behandle sie so, wie Gott sie behandelt sehen wollte oder wie die »Natur« sie behandelt sehen will? Unser Glaube hat für diese Neigung, Gottes Ordnung unseren Wünschen nach zu gestalten, einen Namen, nämlich den der Erbsünde. Sie ist keine persönliche Schuld, sondern beschreibt den Zustand des Menschen in seinem ständigem Ringen mit sich, die Ordnung der Welt einzuhalten, und sein Versagen darin. Im Zustand der Erbsünde denken wir nur an uns und sehen die Wirklichkeit als

Mittel zum Zweck. Wir gebrauchen die Welt, anstatt ihre Ordnung und Zielrichtung zu betrachten. Natürlich versagen wir nicht immer, aber doch ständig. Der deutsche Philosoph Hans-Eduard Hengstenberg, einer der interessantesten Denker, die ich kenne, sprach deswegen von der »Vorentscheidung« des Menschen: Jeder Mensch müsse sich entscheiden, den Dingen entweder in Sachlichkeit gegenüberzutreten und ihre Ordnung zu respektieren, oder sie unserer Ausbeutung in Unsachlichkeit zu unterwerfen.[5] Sie ist allen anderen Entscheidungen vorgelagert, weswegen sie die fundamentalste Vor-entscheidung darstellt. Wenn wir uns entscheiden, Dinge und Personen vor dem Horizont ihrer natürlichen Ziele und Ordnung zu sehen, dann lernen wir sie auch besser kennen und kommen in einen »intimen« Kontakt mit ihnen; wir lernen sie zu lieben, und dabei reifen unser Wille und unsere Persönlichkeit. Wenn wir uns aber von dieser Ordnung abwenden, dann sehen wir alles nur aus »unserer Perspektive«. Während der erste Standpunkt der einer natürlichen Frömmigkeit gegenüber der Welt ist, die wir christlichen Realismus nennen können, ist der zweite die Parole der säkularen Welt. Auch wenn wir immer wieder fallen und fehlgehen aufgrund unserer menschlichen und daher sündhaften Natur, sollten wir uns doch umso stärker daran halten, der Wirklichkeit mit Respekt für ihre Ordnung zu begegnen, uns mit aller Kraft an die Gnade Gottes klammern, an die sakramentale Vergebung – dann können wir hoffen, Fortschritte im geistlichen Leben zu machen, weil wir die Welt immer mehr mit Gottes Augen schauen und nicht mehr durch die Brille unserer Selbstsucht.

Kirchlicher Sentimentalismus

Der Realismus setzt uns der Wirklichkeit aus und zeigt uns, dass die Welt sich eben nicht nach unseren Gefühlen richtet. Das zu verkennen, ist der Grundfehler in mancher Erziehung. Daher hatte der Philosoph Rousseau einmal vorgeschlagen, das Kleinkind, das die Hand nach einem Apfel ausstreckt, zum Baum zu bringen, anstatt ihm einen Apfel zu pflücken. Auf diese Weise sollte es lernen, dass sich die Wirklichkeit nicht befehlen lässt, sondern angenommen werden muss.[6] Denn oft genug laufen wir vor der Wirklichkeit davon und konzentrieren uns ausschließlich darauf, wie wir uns »fühlen«, als ob Gefühle das einzig Reale in der Welt seien. In zahllosen Religionsbüchern in den USA und Deutschland, aber auch in Pfarreien, musste ich solch sentimentale Theologie erleben, das Haschen nach religiösen Gefühlen. Schon die Kinder werden von den Katecheten eingeladen, dieses und jenes zu »fühlen« oder zu »spüren«, aber eine Grundlage, wer denn dieser Jesus eigentlich ist, den man da entdecken soll, wird nicht gegeben. Ich kann es den jungen Erwachsenen nicht verdenken, wenn sie nach solchen hanebüchenen Erfahrungen, die dem Einzelnen Gefühle aufzwingen und, wenn er sie nicht hat, ihn geradezu in die Depression treiben, der Kirche den Rücken kehren.

Verstehen Sie mich nicht falsch – Gefühle haben ihren guten Platz im Glauben, aber sie entspringen aus der Substanz des Geglaubten, ansonsten hat dieser keine Wurzeln. Viele Kirchen wollten relevant sein und glaubten, der einzige Weg sei, eine emotionale Verbindung aufzubauen, die viele in der Kirche vor 1960 vermisst hatten. Man hat aber das Kind mit dem Bad ausgeschüttet. Sentimentale Theologie hat den Glauben des Credos verdrängt. Wir sind in einer substanzleeren Religion angekommen, in der es nur darum geht, bestimmte Gefühle zu haben, aber nicht den wahren Gott zu verehren. Es geht nur um Gefühle – das ist Sentimentalismus! In den USA hat Kenda Deans Buch *Almost Christian*[7] in einer breit angelegten Untersuchung gezeigt, dass Religionsunterricht und Eltern kläglich versagt haben. Drei Viertel der religiösen (!) amerikanischen Teenager wissen kaum etwas von ihrem Glauben, sondern haben eine wohlwollende »Was auch immer«-Einstellung zur Religion. Sie sehen die Religion nicht mit dem Geheimnis Gottes in der Welt verknüpft, sondern nur durch ihre Brille der Selbstvergewisserung: Ich wähle mir Glaubensinhalte und bastle mir eine Religion, in der ich mich wohlfühle. Ihr Gott wird zu einem Therapeuten, der einem über eine zerbrochene Liebesbeziehung hinweghilft oder in Zeiten von Stress Halt gibt. Aber Sie sehen, Gott wird Mittel zum Zeck: Mittel, um sich gut zu fühlen!

Das sollte uns nicht überraschen, weil man in den Kirchen seit Jahrzehnten einen weiten Bogen um die Wahrheitsfrage macht. Gott sei Liebe und Barmherzigkeit – sicher, das stimmt –, aber ebenso Wahrheit und Gerechtigkeit. Eines geht nicht ohne das andere. Die Frage, die sich Bischöfe und Theologen stellen müssen, aber auch jeder Gläubige, ist, ob wir wirklich mehr von diesem netten, therapeutischen Gott brauchen oder nicht vielmehr eine gute Dosis Realismus. Wenn Jesus uns ermahnt, wie Kinder zu werden (vgl. Mt 18,2–4), dann spricht er eine zeitlose Wahrheit aus, nämlich dass Kinder geborene Realisten sind. Nur Erwachsene, die selbst keinen Wahrheitsbegriff mehr haben, können kindliche Spiele mit vorgestellten Freunden oder Helden missverstehen. Jedes Kind weiß sehr genau, was real ist und was nicht, und wenn Sie das anzweifeln, empfehle ich Ihnen, mehr Zeit mit Kindern zu verbringen. Fantasie oder Vorstellungskraft ist keine fehlgeleitete Wirklichkeit, sondern die Fähigkeit, die unzähligen Möglichkeiten der Wirklichkeit zu sehen. Menschen ohne Fantasie haben einen sehr beschränkten Horizont und sind meist nicht kreativ. Realismus ist zwar nicht dasselbe wie Fantasie, aber ohne Realismus ist Fantasie unmöglich, sie ist dann nichts weiter als eine Wahnvorstellung.

Ein Kind begegnet der Wirklichkeit wie einem Geheimnis. Es fragt, warum etwas dies und nicht ein anderes ist, was einen Stuhl zum Stuhl macht. Es verwandelt die Bettlaken in ein Piratenschiff und berührt so das Geheimnis allen Seins. Das Kind weiß, dass es Teil einer großen Geschichte ist, in der manchmal Bettlaken Schiffe sein können und Stühle hohe Türme, während sich kleine Kinder in furchterregende Piraten verwandeln. Das Kind weiß intuitiv, dass es mit einer Welt von Bedeutungen und Dingen verbunden ist. Kinder betrachten die Welt und begegnen ihr mit Vertrauen. Wenn wir aufwachsen, verlieren wir diesen Realismus. Unsere Erfahrung beginnt sich zu setzen, und wir hören auf, das Geheimnis der Dinge zu sehen, vergessen, wie es ist, die Schönheit eines Pferdes zu sehen oder einer kleinen Blume am Wegrand. Wir sehen die Wirklichkeit nicht mehr, weil wir sie nur noch »benutzen«.[8]

Als Konsequenz formen wir Ideen über die Welt, mit denen wir sie in Kategorien einteilen, aber das kindliche Staunen ausklammern, weil es nur mehr als störend empfunden wird. Die heilige Edith Stein hat zusätzlich herausgefunden, dass diese moderne Entzauberung der Welt auch zum Verlust unserer Empathie führt, d. h. zum Verlust unserer Möglichkeit, mit anderen zu fühlen und sie von innen heraus zu verstehen. Es sind also die Erwachsenen, denen es an Realismus fehlt, nicht die Kinder, weil Erwachsene ihren Wirklichkeitsfilter nicht mehr wahrnehmen und daher auch nicht ihre Vorurteile und tiefsitzenden Störungen. Daher sind meine eigenen Kinder für mich immer ein Realitätsmesspunkt und ein Warnruf, die eigenen Filter nie unhinterfragt zu lassen.

Viele Teenager und Erwachsene denken, sie sind nicht mehr Teil einer großen Geschichte des Seins, sondern stehen irgendwie außerhalb und sind deshalb unabhängige Schiedsrichter. Für solche Menschen wird die Welt zum »Problem«, das gelöst werden muss wie alle anderen Probleme auch. Sein als Geheimnis, das Staunen, Aufregung, Abenteuer und den Weg der Liebe zeigt, gibt es für sie nicht mehr. Aber wir können uns nicht vom »Sein« trennen, weil wir ja selber am Sein teilhaben; wir sind Seiende, wie der Philosoph sagt. Deswegen können wir auch nie vollständig erfassen, was dieses Sein eigentlich ist, weil wir so tief in ihm stecken, und weil es den Kern unserer Person ausmacht. Es bleibt ein Geheimnis, auf dessen Grund allerdings, wie Thomas von Aquin sagt, eine Person ist, Gott, das Sein selbst, oder der »Akt puren Seins«, der allem, was ist, ein Sein gibt.[9]

Selbst in den fantastischsten Spielen und Welten die Kinder schaffen, gibt es eine Ordnung und es gibt Regeln. In der Tat erfinden Kinder die kompliziertesten Regeln, die man sich nur vorstellen kann. Wir besaßen ein teures Brettspiel, hatten aber die Spielanleitung verloren. Daher stand es die meiste Zeit nur herum. Als ich eines Tages nach Hause kam, spielten es vier meiner Kinder – sie hatten einfach eigene, sehr präzise Regeln erfunden. Das ist nicht allzu erstaunlich, denn Kinder haben einen Sinn für Ordnung. Zwar werden manche nun einwenden, das sei doch sicher nicht wahr, weil Kinderzimmer meist unaufgeräumt seien. Das stimmt zwar, ist aber kein Gegenbeweis. Denn wenn ich meine Kinder frage: »Gibt es eine Ordnung in diesem Chaos? Ist es schön?«, dann werden sie mit sauertöpfischem Gesicht zugeben, dass dort keine Ordnung herrscht und auch keine Schönheit im Chaos. Es besteht immer ein Unterschied zwischen dem Erkennen von Ordnung und dem Einstehen für sie – für Letzteres braucht man einen starken Willen.

Der Punkt ist aber, dass die Ordnung der Dinge selbst für Kinder wichtiger ist als die Ordnung im Zimmer – sie wissen, was wertvoller und frohmachender ist. Ein Kind weiß etwa intuitiv, dass ein Apfelbaum Äpfel hervorbringt und Fischeier Fische und keine Frösche. (Erst Erwachsene verlieren diese Einsicht – am klarsten da, wo Sexualität von Nachkommenschaft abgetrennt wird.) Kinder haben ein angeborenes Verstehen von Mutter- und Vaterschaft und dass das Leben ein Geschenk ist und keine Last, kein Problem. Sie wissen, dass Liebe ein höherer Wert ist als Geld oder Spielzeug, und dass der Tod eine Tragödie ist. Kinder erkunden die Welt und lernen, wie Dinge miteinander verbunden sind, einige wertvoller als andere. Sie entwickeln eine Hierarchie der Werte, eine Rangordnung – bis ihnen ein Elternteil oder Lehrer erzählt, dass es gar keine Gutheit oder Wahrheit gäbe, und dass ihre Idee der Ordnung der Dinge einfach »relativ« sei.[10]

Ohne Realismus – Keine Überzeugungen

Die Notwendigkeit, wieder zum Realismus zurückzukehren, ist dringend, weil ein Mangel an Wirklichkeit auch einen Mangel an Überzeugungen mit sich bringt. Wenn ich die Wahl treffe, »Ja« zur Wirklichkeit zu sagen, dann beginne ich der Ordnung der Dinge zu vertrauen und entwickle einen natürlichen, sympathischen Zugang zur Welt. Hans-Eduard Hengstenberg sagte einmal, wir lernen zu »konspirieren«, d. h. miteinander zu atmen, die Wirklichkeit und ich. Dann realisiere ich auf einmal, dass die Wirklichkeit nicht mein Feind ist, kein Problem, sondern dass ich geschaffen bin, um ihr aufgeschlossen, hörend und betrachtend gegenüberzustehen und mit der Welt zu kooperieren, anstatt ihr meine Wünsche aufzudrängen. Plötzlich kann ich mich als Teil eines großen Abenteuers der Schöpfung sehen, anstatt mich und meine Existenz zu bemitleiden.

Ist das nicht ein bisschen naiv, werden manche fragen? Nein, ich plädiere ja schließlich nicht dafür, unseren Intellekt auszuschalten und uns von der Wirklichkeit blind formen zu lassen. Der Realismus, für den ich argumentiere, schließt ein, dass ich meinen Geist selbst auf die Ordnung der Dinge richten muss, ihn öffne. Der Philosoph nennt das Intentionalität. Ich werde nicht gezwungen, das ohne meine Zustimmung zu tun, ja ich kann meinen Geist nur selber auf etwas ausrichten. Offen zu sein für die Realität, erlaubt es mir, das Abenteuer der Entdeckung und der Freiheit zu finden! Ohne einen solchen Zugang zum Geheimnis des Seins, das sich uns mitteilt, ohne Vertrauen und Akzeptanz, kann ich auch keine Überzeugungen entwickeln. Wenn wir aber eines im Zeitalter der Jasager brauchen, dann Menschen, die Überzeugungen haben und zu ihnen stehen! Kenda Dean fand heraus, dass tief sitzende Überzeugungen bei religiösen amerikanischen Teenagern praktisch nicht existieren. Deren Überzeugungen sind austauschbar und abänderbar, je nachdem, ob sie bei Gleichaltrigen auf Ablehnung stoßen. Vor allem die Überzeugung, dass es absolute oder objektive Wahrheiten gibt, wird fast von allen Teenagern (und leider auch Erwachsenen) als Symptom von Bigotterie und Intoleranz bezeichnet.[11]

Kann die Kirche ohne Glauben an die Wahrheit überleben?[12] Wenn ich an objektive oder universale Wahrheiten glaube, wie etwa meinen Glauben, dann folgt daraus ja nicht, dass ich andere schlecht behandeln muss oder für religiöse Verfolgung bin. Jeder Wahrheitsanspruch hat etwas Universales an sich, weil es das Wesen der Wahrheit ist, universal zu sein. Auch der Anspruch, dass Wahrheiten alle nur relativ seien, ist ein solcher Wahrheitsanspruch und daher philosophisch widersprüchlich: Die Person, die aussagt, es gebe keine objektiven Wahrheiten, beansprucht, dass seine Aussage wahr und universal ist. Man könnte einen Relativisten auch fragen: »Und Ihr Glaube, dass Wahrheit relativ ist, denken Sie, dies ist der richtige Standpunkt? Sind Sie von ihm überzeugt?« »Ja, natürlich.« »Warum wollen Sie mir dann Ihre Wahrheit aufzwingen? Wie können Sie von Ihrer Wahrheit überzeugt sein, wenn Wahrheit doch relativ ist? Wenn sie relativ ist, dann ist Ihre Wahrheit auch relativ, und daher sollten Sie von gar nichts überzeugt sein, weil Sie ja andernfalls sagen, dass einige Wahrheiten besser sind als andere und daher nicht mehr relativ.«[13]

Der Glaube an eine universale Wahrheit bedeutet also keineswegs Fundamentalismus oder Intoleranz oder das Aufgeben jeder Wahrheitssuche – sondern das Gegenteil: Wenn ich von einer Wahrheit überzeugt bin, dann schließe ich sie nicht in einen Schrein ein, sondern versuche sie besser zu verstehen, besonders wenn diese Wahrheit Person ist, nämlich Jesus Christus. Wenn ich also Wahrheitsansprüche aufstelle, dann denke ich an solche wie »Jesus Christus ist Gottes Sohn und unser Heil« und »Gott existiert«. Aber beide Wahrheitsansprüche, so würden viele Deutsche sagen, sind eben nur für mich oder dich wahr, nicht universal. Aber so eine Aussage ist widersinnig; denn entweder ist mein Anspruch wahr oder falsch. Ihr Nachbar kann sagen, sie sei wahr oder falsch, aber nicht, dass sie nur wahr für Sie sei – das ist logischer Unsinn.[14] Wir fürchten uns davor, den Wahrheitsanspruch eines anderen zu verneinen oder abzulehnen, weil wir Angst haben, als intolerant oder bigott etikettiert zu werden, obwohl es zur Definition von Toleranz gehört, die Ansichten eines anderen, die ich für falsch erachte, auszuhalten. Toleranz setzt einen Wahrheitsanspruch voraus, sonst ist sie einfach Gleichgültigkeit: Ich toleriere die Verschwörungstheorien meiner Tante Lucy, weil ich sie gern habe, aber ich denke trotzdem, dass sie total daneben sind. Mit jemandem nicht übereinzustimmen, ist doch nicht dasselbe wie Intoleranz oder Bigotterie! Ein Relativist, das sollte nun klar sein, kann keine starken Überzeugungen haben und sie für wahr halten, wenn er sich nicht selbst widersprechen will. Er ist nicht toleranter, er ist nur der Wahrheit gegenüber gleichgültig! Ähnliches gilt für den religiösen Pluralismus, der behauptet, alle Religionen seien gleich wahr: Damit nehme ich eine Religion in ihrem Inhalt schon nicht mehr ernst. Wirklicher Dialog entsteht erst, wo man von Überzeugungen aus spricht, nicht auf der Grundlage eines Gleichgültigkeitsbreies. Die meisten Relativisten sehen allerdings diesen Widerspruch nicht, weil sie eine Eintrübung ihrer Linsen haben, wie man sagen könnte: Sie haben aufgehört, die Welt zu betrachten, wie sie ist, und sich ihrer eigenen Filter bewusst zu sein. Wenn ich ein Relativist bin, dann werde ich wahrscheinlich nicht leicht die intellektuelle Schwäche meiner Position sehen: Ich glaube ja dann daran, tolerant zu sein, aber ich bin mir nicht bewusst, dass ich mit der Aufgabe der Wahrheitsidee auch die Toleranz aufgegeben habe.

Wahrheitsansprüche und Überzeugungen zu haben bedeutet nicht, dass wir uns gegenseitig an die Gurgel gehen müssen. Wahrheit schließt Klugheit, Gerechtigkeit, Tapferkeit und Maß nicht aus – weil die Kardinaltugenden nur möglich sind, wenn Wahrheit keine Erfindung ist. Ohne Wurzeln in der Wirklichkeit zu haben, haben Menschen keine wahrhaften Überzeugungen, sondern nur

Meinungen. Aber was ist ein Mensch, der nicht in Wahrheit und Wirklichkeit verwurzelt ist?

Max Picard sah dies in seinem kleinen Buch *Die Flucht vor Gott*[15] voraus. Wir modernen Menschen, schreibt Picard, leben nicht länger in Kommunikation mit unseren Nachbarn, nicht einmal mit denen, die wir lieben. Wir erhalten äußerliche Beziehungen aufrecht, aber wir laufen vor den existenziellen Fragen, wie »Was ist der Sinn des Lebens?«, die uns auf Gott hinweisen, davon. Wir tendieren dazu, die Qualität und den Wert der Dinge für reine Quantität einzutauschen. Nichts hat dann mehr Wert an sich. Nur durch den Realismus des Glaubens können wir unser Vertrauen in die Wirklichkeit zurückgewinnen und die Welt sehen lernen, wie sie ist. Denn wenn wir vor Gott davonlaufen, können wir die Versklavung an das »Haben« nicht abschütteln und auch die eigene egoistische Sichtweise nicht überwinden. Nur mit Realismus haben wir Wahrheit, und nur mit der Wahrheit haben wir eine Chance auf Überzeugung und Fantasie.

Bescheidenheit und Martyrium

Der Realismus lehrt uns Bescheidenheit. Im Lateinischen heißt sie *humilitas*, und das bedeutet eigentlich Nähe zur Erde. Der Realismus bereitet uns daher auf die Aszetik vor. Aszese kommt aus dem Griechischen und bedeutet Übung. Wie im Sport bereite ich mich vor, allerdings nicht durch Aufwärmen und Gewichtheben, sondern spirituell auf eine Begegnung mit Gott. Ich verstehe hier unter Askese das Aufgeben von Gütern, die uns anvertraut sind, wie etwa Nahrung, Komfort, Fernsehen, Videospiel, und Handlungen, die wir normalerweise nicht tun. Wir entleeren uns und geben unseren Willen auf, um den Willen Gottes anzunehmen. Askese gräbt die Erde unserer Seele um, sodass sie durch die Gnade befruchtet werden kann: Man stirbt selbst, sodass Christus in einem lebt. Christliche Askese ist aber keine Flucht vor der Wirklichkeit, sondern höchster Realismus. Askese nimmt Gott als höchsten Wert wahr, nimmt ihn ernst und sieht alles in der Ordnung der Schöpfung und miteinander verbunden. Sie versucht, Geist und Wille mit der Wirklichkeit in Verbindung zu halten und bewahrt uns davor, in die Falle zu tappen, Gott als Verkaufsautomaten zu sehen, als das ewige, gesichtslose »Gesetz des Universums« oder als moralischen Lehrmeister.[16]

Wie ist Askese aber mit Tapferkeit und Mut verbunden? Tapferkeit setzt zu allererst voraus, dass ich verwundbar bin und willens, Wunden oder Tod zu erleiden. Das christliche Konzept von Tapferkeit gipfelt im Märtyrertum, der Bereitschaft, sein Leben für Christus zu opfern. Wenn ich nun willens bin, Wunden in einem Kampf zu riskieren, muss ich wissen, für was ich kämpfe – ich muss das Gute kennen, für das es sich zu leiden lohnt. Es ist ja dieses Gute, für das ich mein Leben aufs Spiel setze – und es muss mir als wahr erscheinen. Tapferkeit braucht also Einsicht in die Wirklichkeit und das Wissen um Gut und Böse (weswegen Thomas von Aquin sagt, dass Gerechtigkeit und Weisheit der Tapferkeit vorangehen); man braucht starke Überzeugungen, um tapfer zu sein.

Tapferkeit bedeutet nun gerade nicht Risikoverliebtheit! Sie bedeutet nicht, dass ich mich unterschiedslos jeder Gefahr aussetzen muss, sondern vielmehr, dass ich einige Dinge für wertvoller halte als körperlichen Schmerz. Wahre Tapferkeit setzt den Realismus, den Sinn für die Wirklichkeit, voraus! Sie ist, wie Josef Pieper uns erinnert, nicht gleichbedeutend mit Furchtlosigkeit, sondern bedeutet vielmehr, dass uns die Furcht nicht in Geiselhaft nimmt und uns vom Handeln abhält. Für den heiligen Thomas ist es ausgemacht, dass es Situationen geben kann, in denen das Festhalten am Guten die einzige Möglichkeit des Widerstandes gegen das Böse ist (*fortissimo inhaerere bono*).[17]

Jeder, der einmal an einem Seil eine Wand oder einen Berg hinaufgeklettert ist, weiß, dass es einen kraftvollen Griff braucht und dass dieser keineswegs passiv ist. Am Guten festzuhalten in Zeiten von Gefahr und Ablehnung, Hass und Verleumdung, ist Tapferkeit. Die heilige Teresa von Ávila dachte sogar, dass die Tapferkeit die wichtigste Voraussetzung auf dem Weg der religiösen Vollkommenheit sei: »Ich meine, dass es mehr Mut braucht, wenn einer schon nicht vollkommen ist, den Weg der Vollkommenheit zu gehen, als schlagartig zum Märtyrer zu werden.«[18]

Ohne Mut kann ich den langen Weg eines christlichen Lebens nicht bestehen, und ich kann auch Leid und Schmerz nicht ertragen. Nur wenn ich mutig bin, kann ich mit Überzeugung handeln, auch wenn es unbequem ist. Viel zu oft scheuen wir zurück, wenn unser Einstehen für die Wahrheit unbequem wird. Wir wollen andere nicht »beleidigen« oder ihre Gefühle verletzen, und das ist ja auch gut – aber das bedeutet doch nicht, dass wir unsere Überzeugungen aufgeben sollen, sie beiseite legen oder verschweigen, vor allem, wenn es bedeutet, der Sünde und dem Irrtum nicht zu widersprechen. Durch sanftes, aber konsequentes Eintreten für unsere Überzeugungen, durch einen kraftvollen Halt an dem Seil, das uns mit dem Heiligen Geist verbindet, werden wir zu Zeugen für den wahren Gott, der uns und die Welt ins Dasein gerufen hat.

Ein zahmer und netter Gott braucht von uns keine Tapferkeit, weil er sich nach unseren Wünschen richtet und wir den Willen Gottes »machen«. Solch ein Gott bereitet uns aber auch nicht auf den letzten Kampf vor, auf den Kampf mit dem Tod. Wenn ich aber an meinem Glauben in Tapferkeit festhalte und an den wilden, abenteuerlichen Gott glaube, von dem uns Jesus gepredigt hat und dessen Sohn er ist, der uns auf eine Reise mit sich einlädt, dann bin ich fähig, den Tod nicht nur als Katastrophe zu sehen, sondern als Tausch eines endlichen Lebens gegen ein unendliches. Dann sehe ich den Tod nicht nur als ein Schicksal, das mir bevorsteht, sondern als menschliche Tat, an der ich beteiligt bin, in einem guten Sterben. Im Himmel braucht es zwar keine Tapferkeit, aber auf dem Weg dorthin eben schon! Die weichgespülte Zuckerguss-Theologie hat darüber nichts zu sagen, wahrscheinlich weil sie alle Wahrheitssuche bereits aufgegeben hat.

Dies bringt mich zurück zum Anfang: Wenn wir unseren Glauben und die Kirche erneuern wollen, dann müssen wir uns klar machen, was wir glauben und wie wir es glauben, aber wir müssen auch Zeugnis für den Glauben an das Geheimnis Gottes ablegen. Glaube muss mehr sein als ein religiöser Pensions- oder Versicherungsplan. Überzeugungen sind wie Pflanzen, die umsorgt werden wollen, gedüngt und zugeschnitten, um richtig zu wachsen. Wenn sie wild wuchern, dann bewegen sie sich außerhalb der Lehre der Kirche und werden zu einem Krebsgeschwür.

Wenn wir wie die Kinder werden, dann entdecken wir das Geheimnis der Wirklichkeit, werden stark wie die Heiligen, und ahmen ihre Tapferkeit und ihren Durchhaltewillen nach. Dann sind wir überzeugt von der Wahrheit wie die Gottesmutter Maria im Moment der Verkündigung, als die Botschaft des Engels Gabriel so gar keinen Sinn machte.

3. DER NUTZLOSE GOTT

Vor einigen Jahren organisierte ich für die Studenten meiner Universität eine Vorlesungsreihe. Theologieprofessoren kamen und berichteten aus ihrer Biografie, und teilten mit den Zuhörerinnen warum sie Theologinnen geworden waren. Bei einer Veranstaltung fragte eine Studentin einen guten Freund und Kollegen: »Für was ist Theologie denn nützlich?«

Mein Freund zögerte nicht einen Augenblick: »Für absolut gar nichts. Religion und Theologie sind absolut nutzlos.« Meine Kinnlade fiel in diesem Moment nach unten und die Studenten sahen betroffen aus. Es war eine Veranstaltung, die dazu anregen sollte, Theologie zu studieren, und nun hörten sie, dass es ein nutzloses Unterfangen sei? Für eine Sekunde dachte ich, ob wohl mein Kollege – ich hätte es besser wissen müssen – vielleicht seinen Glauben verloren hatte und nun mit einem atheistischen Argument aufwarten würde. Doch nichts konnte weiter von der Wahrheit entfernt sein, da dieser versierte und bekannte Theologe weiter ausführte, dass die Frage der Studentin falsch gestellt war. Wir benutzen unseren Glauben nicht in derselben Weise, wie wir einen Schraubenschlüssel oder ein Auto gebrauchen. Die Schuld kann man der Studentin nicht anlasten, da schließlich jeder von uns wahrscheinlich einmal dieselbe Frage gestellt hat. Sie ist trotzdem falsch, aber warum?[19]

Eine Person, die fragt »Was nützt die Religion?« sucht nämlich nicht nach der Antwort, sondern setzt schon eine Idee voraus, was gut ist, nämlich das, was nützt. Eine solche Frage lässt aber eines unbeantwortet: Was ist der Maßstab für gut und nützlich? Sie zäumt das Pferd sozusagen von hinten her auf.

Meistens werden Menschen Religion und Glaube nach ihren Beiträgen zum Gemeinwohl, dem Fortschritt der Gesellschaft, der Stärkung der Menschenrechte und so weiter messen. Alle diese Aspekte sind natürlich wichtig, aber wenn man sich so auf die Frage nach Religion einlässt, dann gibt man bereits zu, dass sie eigentlich nur eine Funktion hat, nämlich diesen Fortschritt hervorzubringen, auch wenn das nur ihr latentes Nebenprodukt ist. Wäre es nicht, um ein anderes Beispiel zu gebrauchen, gleichermaßen fragwürdig, wenn wir Mathematik nach ihrem Nutzen für künstliche Intelligenz beurteilten?

Eine latente, das heißt nicht beabsichtigte Funktion wären etwa die Wirkungen eines afrikanischen Stammes, der Regentänze aufführt. Der außenstehende Beobachter wird nicht glauben, dass der Tanz den Regen herbeibringt, sondern eher, dass er den Stamm durch dieses Ritual zusammenschweißt und so die Gemeinschaft stabilisiert. Der Beobachter beleuchtet so eine latente, nicht beabsichtigte Funktion des Tanzes. Doch wenn wir, wie Robert Spaemann argumentiert, diese Einsicht nun auf die Kultur dieses Stammes anwenden und unsere Ergebnisse den Stammesgenossen mitteilen, dann höhlen wir die Bedeutung des Regentanzes völlig aus. Wenn Sie einen Regentanz aufführen, um den Stamm zusammenzuhalten, obwohl Sie wissen, dass er zu keinem Regen führt, dann hören Sie bald mit diesem Ritual auf und suchen sich andere Möglichkeiten, die Gemeinschaft zu stärken. Der Stamm lebt aber aus diesem Ritual und fällt nun auseinander, weil der Ersatz nicht die gleiche Wirkung erzeugt. In der westlichen Gesellschaft haben wir das mit dem Christentum gemacht. Wir denken über den Zweck der Religion für die Gesellschaft nach, zeigen ihre latenten Funktionen und Nebenprodukte auf (wie etwa die karitativen Werke), aber wir sehen nicht, dass dies den Glauben selbst aufhebt.[20]

Wahrheitsansprüche sind nie »nützlich«

Der größte Konflikt kommt zustande, wenn wir über die Wahrheitsansprüche einer Religion oder moralischer Überzeugungen nachsinnen. Soziologen versuchen solche Ansprüche als Funktionen zu erklären: Eine religiöse Überzeugung, die darin besteht, den Armen zu helfen, ist in Wirklichkeit eigennützig, weil eine solche Tat uns ein gutes Gefühl gibt. So werden dann auch Wahrheitsansprüche als Funktionen wegerklärt: Wir sagen etwa, dass das Stehlen fremden Eigentums schlecht ist, weil diese Regel unsere Gesellschaft stabilisiert, oder wir »erfinden« einen Sinn für unser Leben, um uns aus Trägheit und gesellschaftlichem Verfall zu helfen. Es ist recht einfach zu sehen, dass, wenn wir dieser Methode folgen, alle unsere vernünftigen Urteile und Überzeugungen eigentlich von etwas anderem kontrolliert werden. Ein Leben mit Sinn, Moral und Religion wird zum Märchen! Die Wahrheiten von Glaube, Moral und Vernunft werden zerstört. Der Satz »Ich glaube an Jesus Christus« wird zur Funktion – er hilft mir, wenn ich Probleme mit dem Leben habe, aber er ist nicht wahr! Auch die grundlegende Moralregel, dass es unsere Pflicht ist das Gute zu tun und das Böse zu vermeiden, ist, wenn wir dieser Methode folgen, nur eine Fiktion.

Keiner hat das wahrscheinlich klarer gesehen als Friedrich Nietzsche, ohne den der moderne Atheismus nicht das wäre, was er ist. Er sah, dass die Erklärung von Moral und Religion durch Funktionalisierung, wie wir sie oben beschrieben haben, nur zersetzt, oder wie es Spaemann ausdrückt, »… dass die Relativierung des Absoluten gleichbedeutend ist mit dessen Verschwinden.«[21] Keji Nishitani, ein japanischer Philosoph, erinnert uns daran, dass der einzige Weg, Nietzsche zu widerlegen, darin besteht, sich gar nicht erst auf die Funktionalisierung der Religion einzulassen. Wir sollten die Frage »Warum Religion?« mit der Gegenfrage »Warum existieren wir?« beantworten: »Wir werden uns der Religion als eines Bedürfnisses, als eines Lebensbedürfnisses, erst dann bewusst, wenn alles andere seine Notwendigkeit und Nützlichkeit verloren hat. Warum existieren wir überhaupt? Ist nicht unsere Existenz und die menschlichen Lebens bedeutungslos? Oder, gibt es einen Sinn des Ganzen, und wo finden wir ihn? Wenn wir unsere Existenz so infrage stellen, dann erwacht in uns die religiöse Suche. Diese Fragen und die Suche, die sie antreiben, ereignen sich aber erst, wenn die Art und Weise des Schauens und Denkens, in dem alles in der Welt auf uns bezogen wird, *durchbrochen* wird ... Deswegen verdunkelt die Frage nach der Religion in der Form ›Warum brauchen wir Religion?‹ von Anfang an den Weg zur Antwort. Sie blockiert den Weg, auf dem wir uns selbst infrage stellen.«[22]

Nach Nishitani ist es also gerade die Frage nach der Nützlichkeit der Religion, die uns davon abhält, zum Herzen des Glaubens, zu Gott selbst, vorzudringen. Diese Mentalität wirft einen Schleier über unsere existenzbetreffenden Fragen nach dem Sinn des Lebens. Nur wenn wir alle Fragen nach Nützlichkeit beiseite legen, können wir an diese wirklich herangehen – ansonsten bleiben sie ein Märchen, eine Fiktion, für die es sich nicht lohnt zu leben.

Glaube verändert unsere Perspektive

Sie sehen, der Glaube an Gott ist nicht »nützlich«. Er verändert unsere Perspektive und gibt uns einen neuen Horizont. Eine Person, die an Jesus Christus glaubt, hält es für wahr, dass die Welt durch einen liebenden Gott erschaffen wurde und dass dieser Gott uns bereits vor unserer Geburt wollte und liebte. Ohne Gott endet unsere Existenz mit dem Tod, und alle unsere Errungenschaften werden zu Staub. Schlussendlich ist unser Leben ohne Gott bedeutungslos, denn wir sind in dieser Perspektive ja nur ein Nebenprodukt der Evolution in einer Welt, in der es Gutes und Böses objektiv nicht gibt; der Hase im Garten ist dann genauso wertvoll wie ich. Wenn Gott aber existiert, dann verändert sich diese Perspektive, vor allem, wenn der christliche Glaube wahr ist. Denn dann gab Gott der Menschheit einen besonderen Platz und eine besondere Bedeutung, und jeder Mensch hat eine unmessbare, unverletzliche Würde.

Weil die Religion unsere Perspektive und unseren Blick auf das Leben verändert, sind Fragen nach der Nützlichkeit der Religion nur irreführend, genauso wie jemand über die Frage nach dem Nutzen mitmenschlicher Liebe nur den Kopf schütteln würde.

Wenn Sie das Neue Testament kennen, dann haben Sie wohl vom Ersten Johannesbrief gehört, in dem Gott mit der Liebe gleichgesetzt wird (vgl. 1 Joh 4,8). Haben Sie sich aber auch jemals gefragt, was das denn eigentlich bedeutet? Liebe zielt immer auf jemanden und hat immer etwas Höheres, Wertvolleres im Auge. Der Liebende nimmt etwas im Geliebten wahr, das diesem höheren Wert entspricht. Dieser Wert aber muss mit einem absoluten Wert verbunden sein, weil es ja sonst unmöglich wäre, Höheres vom Niedrigeren zu unterscheiden – man braucht einen Maßstab! Wir können etwa sagen, dass Jesu Liebe bedingungslos ist, weil wir seine Liebe mit der unter Menschen vergleichen. Wenn aber der Wert, den wir im anderen erkennen, nicht innerlich an ein Absolutes, Ewiges geknüpft ist, dann wäre unser Urteil rein subjektiv. Dann aber wäre der Geliebte nicht wirklich und objektiv unserer Liebe wert. Das würde aber nicht nur die Schönheit von Beziehungen zerstören, sondern auch vernünftiges und mitmenschliches Verhalten unmöglich machen. Nur weil der Liebende die Idee einer absolut bedingungslos wertvollen Person voraussetzt, nämlich Gott, kann er die geliebte Person als jemanden lieben, die an diesem Wert teil hat. Daher sind auch die Menschenrechte, so nobel sie sind, nur auf einer metaphysischen Basis zu verteidigen; ohne sie brechen sie zusammen. Anders gesagt: Wenn es keinen höchsten Wert gibt, der wahr ist, dann ist zwischenmenschliche Liebe als Anerkennung eines Wertvollen im anderen unmöglich, oder eine reine Fiktion.[23]

Aber es ist nicht nur die Liebe, die unsere Perspektive verändert, sondern auch der Tod. Ich erinnere mich lebhaft an ein Seminar mit dem verstorbenen Theologen John S. Dunne an der Universität von Notre Dame in den USA, der mit seinem verschmitzten Lächeln und seinen tiefblauen Augen uns Vierundzwanzigjährigen erzählte: »Als ich 27 Jahre alt wurde, war mir auf einmal klar, dass meine Jugend vorbei war und mich der Tod erwartete.« Meine Mutter war im Jahr zuvor verstorben, gefolgt von meinem Großvater und mehreren Onkeln, sodass Dunnes Worte mich direkt ins Herz trafen. Ich war auch sterblich, wurde mir klar. Diese Art existenzieller Erkenntnis konnte dieser weise Professor und Mystiker, den man als katholischen Paul Tillich bezeichnete, aus uns Studenten herauslocken.

Einige Religionskritiker argumentieren, dass die Religion ein »coping mechanism« sei, d. h. eine Art Werkzeug, das uns die Angst vor dem Tod nimmt. Von John Dunne lernte ich, dass das Gegenteil richtig ist.[24] Die Kritik, dass die Religion nur eine Funktion sei, uns mit unserer Endlichkeit zu helfen, und dass konsequenterweise alle ihre Wahrheitsansprüche nur erfunden seien, ist auf zwei falschen Voraussetzungen aufgebaut: Zum ersten setzt diese Kritik voraus, dass Religion sich hauptsächlich mit der Ausmerzung der Todesfurcht beschäftigt. Zum zweiten gibt sie vor, dass Religion, weil sie bei der Bewältigung der Sterblichkeit hilft, nicht wahr sein kann: Das ist aber ein klassischer logischer Fehlschluss (genetischer Fehlschluss), weil der Ursprung eines Wahrheitsanspruchs nichts über dessen Wahrheit oder Falschheit aussagen kann. Ein notorischer Lügner etwa kann uns einen wahren Tatsachenbericht liefern, genauso wie eine angetrunkene Person. Oder aber ein Forscher stolpert zufällig über eine Erkenntnis – ist sie deshalb, weil sie ihm zufällig in den Schoß fiel, falsch? Viel zu viel Tinte ist über diesen Fehlschluss geschrieben worden, als dass ich dies alles hier noch einmal wiederholen müsste.[25] Aber zurück zum ersten Vorwurf: Das Christentum ist nun einmal nicht primär mit der Todesangst befasst. Und selbst wenn der erste Vorwurf wahr wäre, dann müsste es doch auf der ganzen Welt von religiösen Menschen nur so wimmeln. Religion wäre universal, um mit dem Tod fertigzuwerden. Wie könnten wir aber die steigende Anzahl derer erklären, die keine Religion »brauchen«? Unter diesen ist die Zahl derer, die an die »Wissenschaft« glauben, besonders groß – ist vielleicht die Naturwissenschaft ein Mechanismus, um mit der Todesangst fertig zu werden?

Die Naturwissenschaft scheint heute als der »coping mechanism« schlechthin benutzt zu werden. Man glaubt, mit ihrer Hilfe eines Tages dem Tod von der Schippe springen zu können, sei es durch Kopftransplantationen, das Einfrieren toter Körper, bis sie wieder »auferweckt« werden können, bis hin zum Abspeichern unserer Erinnerungen auf einer Festplatte, sodass wir auf »ewig« in einem Computer fortexistieren können. Aus diesem Grund werden auch Naturwissenschaftler so exorbitant hoch bezahlt, und besonders auch Ärzte: Schließlich halten sie den Schmerz von uns fern, und den Tod zumindest zeitweilig auf Abstand. Obwohl wir es nicht realisieren (wollen), ist unsere Unterhaltungsindustrie ein zweiter »coping mechanism«: Wir bezahlen unseren Fußballstars und Hollywoodsternchen sowie Entertainern Millionen, damit sie uns davon ablenken, die wichtigen Fragen im Leben zu stellen, uns davon ablenken, dass wir sterben werden und dass unser Leben ohne Gott sinnlos ist. In Wirklichkeit ist nicht die Religion ein Bewältigungsmechanismus, sondern die Naturwissenschaft und die Unterhaltungsindustrie, weil erst die Religion das Problem der Sterblichkeit hervorbringt. Ohne Religion wäre der Tod weniger dramatisch.[26]

Vielleicht hilft die Religion manchen, mit ihrem kurzen Leben fertigzuwerden, weil sie ihnen versichert, dass ein ewiges Leben folgt, aber die eigentliche Frage, warum die Welt so ist, wie sie ist, mit Schmerz und Tod, kommt erst durch sie zustande. Die Idee, dass die Welt ein komplexes System ist, das irgendwann einmal zustande kam und anders hätte sein können, setzt aber voraus, dass es einen Sinn jenseits dieser Welt gibt, der notwendig ist. Wenn wir fragen »Warum ist die Welt, wie sie ist?«, dann erkennen wir an, dass nichts, absolut nichts in ihr notwendig ist, sondern anders sein könnte. Wir fragen dies nicht als Naturwissenschaftler, sondern als reguläre menschliche Wesen – aber wenn wir es tun, dann appellieren wir an eine höhere Idee, die jenseits der nackten Tatsachen liegt. Wenn das Universum nur existiert, dann gibt es kein »Warum«. Das hat der herausragende atheistische Philosoph Bertrand Russell wunderbar auf den Punkt gebracht. Für einen Atheisten existiert die Welt einfach – sie ist einfach da als nackte Tatsache, über die nachzusinnen nur den Atheismus unterhöhlen und die Gottesfrage einschmuggeln würde. Erst der religiöse Glaube macht unsere Existenz in der Welt unbequem und zeigt auf eine Wirklichkeit jenseits der nackten Tatsachen, ohne uns gleich fertige Antworten zu liefern. Nur weil der Glaube eine bessere Welt, ohne Zorn und Hass, ohne Tod und Verwesung predigt, wird der Tod zum Problem, weil er uns zur Entscheidung drängt, Gott entweder anzuerkennen oder die Sinnlosigkeit unseres Lebens anzunehmen.[27]

Wo Kultur und Glaube kollidieren

Aber wie kann ein Außenstehender die Religion und religiöse Praxis verstehen, wenn Fragen über die Funktion der Religion irreführend sind? Wenn wir von Nichtchristen gefragt werden, sollten wir dann nicht zur Antwort geben, dass unsere Religion nützlich ist? Ja und Nein.

Ich denke, dass es unmöglich ist, ein wirkliches Verständnis von Religion zu erhalten ohne ein eigenes religiöses Engagement. Man wird ansonsten nicht das Wesen des Glaubens verstehen, selbst wenn man alle Funktionen entdeckt, Geheimnisse dechiffriert und

Rituale beschrieben hat. Ebenso muss ein Ethiker ja auch selbst moralisch überzeugt sein und nicht außerhalb aller ethischen Standards leben. Eine Person, welche Religion verstehen will, muss sich selbst in einer solchen verorten. Die Philosophie hilft uns, Fragen über die religiösen Dimensionen unseres Lebens zu stellen, die für die Suche nach der religiösen Wahrheit hilfreich sind, aber wir sollten unter allen Umständen vermeiden, uns darauf einzulassen, die Relevanz des Glaubens aufzuzeigen. Letzteres haben viele theologische Fakultäten getan; aber wenn man die eigene Relevanz beweisen muss, zeigt man eigentlich nur, wie überflüssig man ist.[28]

Auch in der Politik wird dieses Relevanzspiel immer wieder gespielt, sogar von Politikern, die ihren Glauben offen bekennen. Sie sprechen von den »kulturellen Werten« des Christentums. Das bedeutet eigentlich nichts anderes, als zu sagen, dass religiöser Glaube nur gut ist, weil er etwas zu unseren kulturellen Werten beiträgt. Aber was sind denn das für Werte, und sind religiöse Werte und kulturelle Werte identisch? Für den großen Philosophen Max Scheler (gest. 1928) standen religiöse Werte im Zentrum unserer Werterfahrung. Sie waren Werte des »Heiligen«. Die Werte des Heiligen aber waren nicht einfach besonders intensive Formen anderer Werte, wie Schönheit, Güte und Wahrheit, sondern unabhängig von ihnen. Man kann diesen Gedanken wohl am besten nachvollziehen, wenn man sich eine heilige Person vorstellt: »Der Heilige ist keine irgendwie denkbare Steigerung des künstlerischen Genius, des Weisen, des Guten, Gerechten, – des Menschenfreundes oder des großen Gesetzgebers. Auch ein Mensch, der all dies zusammen wäre, würde den Eindruck der Heiligkeit nicht erwecken.«[29] Mit Präzision arbeitet Scheler heraus, dass das Heilige eine ganz eigene Wertsphäre darstellt, die wir mit unserem Seelengrund berühren. Wenn wir nun dieses Heilige mit den Werten der Kultur vermengen oder sie als solche missverstehen, dann zerstören wir das Heilige in der Religion, die Erfahrung der Wirklichkeit Gottes. Oder, etwas einfacher ausgedrückt, wir ziehen Gottes Werte in den Schmutz unserer Welt.

Gleichermaßen desaströs ist es, die Religion als Zusatzwert anzusehen. Man braucht die Religion »auch« – als ob sie ein Vitaminzusatzpräparat oder Spurenelement für die Gesellschaft sei. Wenn der Glaube aber nur ein solcher Zusatz ist, dann ist es die Kultur, die wirklich zählt. Aber unsere Kultur ist endlich – manche fragen sich sogar, was sie überhaupt ausmacht. Sie wurde von Menschen geschaffen, genauso wie Kunst und Erziehung. Daher ist es unsinnig zu sagen, die Religion sei ein Zusatz zur Kultur. Wir können Gott nicht wie Zuckerstreusel auf die Gesellschaft streuen. Er ist kein magisches Lametta. Vielmehr muss es andersherum sein: Die Kultur muss sich auf Gott hin öffnen und nach dem Wahren, Guten und Schönen suchen, und dadurch Gott. Nur so kann sie vom Göttlichen durchwirkt werden.

Entweder sind religiöse Werte die höchsten Werte, weil sie durch Gott erfahren werden, die Quelle aller Güte, Schönheit und Wahrheit – oder sie sind überflüssige Projektionen unseres Unterbewusstseins.[30] Wenn wir darauf beharren, dass die Sphäre der Religion und ihrer Werte unabhängig ist, nicht indem wir Bibelverse zitieren, sondern unsere Vernunft gebrauchen, dann kann dies davor bewahren, dass unser Glaube missbraucht wird. Dann wird uns auch eine zunehmend säkulare Gesellschaft ernster nehmen, weil wir nicht beanspruchen, der geistige Schokoladenguss auf dem Kuchen zu sein, sondern vielmehr Menschen mit einer Botschaft, welche die Welt verändern will.

Scheler rief seiner Generation zu, die Religion von ihrem Missbrauch als Stabilisierungsfaktor der Gesellschaft zu befreien. Glaube an Gott existiert schließlich nicht, um die Verbrechensraten gering zu halten oder geistige Gesundheit zu unterstützen. In unserer Gesellschaft wird Religion aber genauso verstanden, vor allem wenn man auf die Kirchen als Sponsoren karitativer Werke hinweist. Natürlich sind diese karitativen Tätigkeiten gut und wertvoll, aber sie machen nun einmal nicht den Kern des Religionsgeschäftes aus, nämlich zur Begegnung mit dem Heiligen zu führen. Nur wenn das Heilige der Kern der Religion ist, dann fließt auch soziale Gerechtigkeit und Einsatz für die Menschen aus ihr. Erst dann werden unsere Kinder lernen, dass wir keine religiösen Werte brauchen, um »bessere Menschen« zu werden, wie ich immer wieder hören muss, sondern um ganz andere, nämlich heilige Menschen zu werden.

In meinen dreizehn Jahren an einer Jesuitenuniversität habe ich gesehen, wie sehr man das Heilige an den Rand gedrängt und seelenlosen Aktivismus an seine Stelle gesetzt hat. Eine Gruppe von Studenten etwa wollte eine regelmäßige Anbetungsstunde auf dem Campus. Erst nach langem Ringen gaben die Universitätsseelsorger nach und erlaubten diese, allerdings wurden die Studenten darauf hingewiesen, dass man keine Monstranz habe, die man ihnen für diese Anlässe zur Verfügung stellen könne. Kurzerhand haben die Studenten das Geld für eine Monstranz selbst aufgetrieben. Wenn es aber darum ging, Mittel für Gender-Events auszugeben, zeigte man sich großzügig. Ein anderes Mal predigte ein Priester über die Ungerechtigkeit der Behandlung von Ausländern, brachte aber als Beispiel einen chinesischstämmigen Studenten aus reicher Familie, der nicht als »asiatisch« identifiziert werden wollte. Kein Wort hingegen verlor der Prediger über die zahlreichen Angestellten asiatischer Herkunft, die gerade einmal gesetzlichen Mindestlohn erhalten und nicht einmal in katholischen Einrichtungen Kündigungsschutz besitzen. Da ist Religion wirklich nur mehr Lametta!

Die Willkommens-Falle

Religion ernst zu nehmen bedeutet nicht, andere an den Rand zu drängen oder ihnen das Gefühl zu geben, in der Kirche nicht willkommen zu sein. Das ist es aber, was viele Theologen und Pfarrer anscheinend glauben. Als Konsequenz haben sie aufgehört, Missionare zu sein. Dies ist die Folge eines falsch verstandenen religiösen Pluralismus. Sie meinen, alle Religionen seien gleich gut und gleich falsch; der Wert einer Religion bemesse sich an ihren Beiträgen zur Gesellschaft. Nach Jahrzehnten solcher Propaganda ist es nicht verwunderlich, dass die meisten Christen glauben, dass nur Relativisten gute Bürger und gute Kirchenmitglieder wären.

Drängen aber Menschen mit religiösen Wahrheitsansprüchen andere notwendigerweise an den Rand? Folgt es wirklich mit logischer Notwendigkeit, dass jemand, der leidenschaftlich an Christus als seinen Erlöser glaubt, eine feindliche Atmosphäre für einen Atheisten schafft? Sicherlich gibt es in der Geschichte viele Beispiele, die das auf den ersten Blick nahelegen könnten, und die gewöhnlichen Verdächtigen sind die Fanatiker, die Verfolgungen Andersdenkender organisieren und verächtlich auf sie herabschauen. Wenn man als Historiker aber genauer hinsieht, verändert sich diese Sichtweise. Dann sehen wir nämlich, dass die meisten Fälle, die Kirchenkritiker wie Karl-Heinz Deschner heranziehen, Fälle einer »versklavten Religion« sind, einer Kirche, die im Spiel der Politik und der Nützlichkeit gefangen war: Man erinnere sich etwa an die französischen Katholiken des 17. Jahrhunderts, welche die protestantischen Hugenotten gehasst haben, wobei in diesem, wie den meisten anderen Konflikten auch, politisches Kalkül ausschlaggebend war. Meistens waren es gerade säkulare Ideologien, welche um den Preis von Einfluss und Geld andere an den Rand drängten. Leidenschaftliche Gläubige sind nicht notwendigerweise intolerante Fanatiker. Die Tatsache, dass wir Werte und Ideen diskutieren, ist ein Kennzeichen der Wertschätzung der freien Gesellschaft durch die Kirchen. Dass dieser Dialog in gegenseitigem Respekt geschieht, bedeutet aber nicht, dass man den Lebensstil des Gegenüber einfach abnicken muss.[31]

Die säkulare Ideologie beansprucht, tolerant zu sein, aber sie ist durch und durch ein missionarischer Kult. Säkulare und religiöse Pluralisten predigen, man solle nur ja nicht versuchen, andere von seinem Glauben zu überzeugen oder sie zu konvertieren, weil es ja eine objektive Wahrheit sowieso nicht gebe. Doch das ist es, was sie predigen, nämlich die universale Gültigkeit des Satzes: »Es gibt keine universale Wahrheit.« Sie glauben dies mit Leidenschaft, auch wenn meist ohne denkerischen Einsatz.[32]

Glaube an Gott ist entweder ein Wahrheitsanspruch oder nicht. Ein Gott, den wir nur »mögen«, weil er uns ein paar Moralvorschriften gibt, die es in einer religiösen Gesellschaft weniger wahrscheinlich machen, Opfer eines Diebstahls zu werden, ist eine Funktion, mehr aber nicht. Nur wenn wir eine starke Überzeugung haben, dass Gott existiert, und wir nicht davor zurückschrecken, diesen Anspruch auch als wahr zu bekennen – nur dann lehnen wir das populäre Geschwafel »wahr für dich, aber nicht für mich« ab. Denn wenn Letzteres tatsächlich die Oberhand gewinnt, was Papst Benedikt XVI. als Diktatur des Relativismus bezeichnete, dann wird der Glaube ersterben. Die Stille unserer toten Überzeugungen wird nicht mehr aufschreien als Zeugnis für die Kirchen, die sowieso schon ganz leise geworden sind. Man kann sich kaum vorstellen, dass eine Gruppe wie die »Weiße Rose« um Sophie Scholl oder ein Dietrich Bonhoeffer, die Hitler bis zum Opfer des eigenen Lebens widerstanden, alles um einer »Funktion« für die Gesellschaft willen aufgegeben hätten. Immer wenn es ernst wird, »leisten nur Überzeugungstäter Widerstand«.[33]

4. DER GOTT UNSERER FANTASIE

Immer wenn ich den Kurs »Einführung in die Theologie« unterrichte, frage ich meine Studenten: »Wenn ihr heute Nacht sterben müsstet, warum sollte Gott euch in den Himmel lassen?« Die häufigste Antwort, die ich höre, ist immer wieder: »Ich verdiene es, in den Himmel zu kommen, denn ich habe schließlich niemanden umgebracht oder Ehebruch begangen« – als ob das die größten Errungenschaften eines Lebens wären. Es läuft also darauf hinaus zu sagen: »Ich bin kein schlechter Mensch.« Das Traurigste daran ist, dass viele dieser Studenten zwölf Jahre lang katholischen Religionsunterricht genossen, wo man ihnen wahrscheinlich diesen Unsinn eingetrichtert hat, denn die Kirche lehrt das glatte Gegenteil und nicht erst seit gestern! Die Studenten reagieren immer ein bisschen verärgert, wenn ich sie darauf hinweise, dass keiner Anspruch auf den Himmel hat. Man kann die Welle des Unwohlseins förmlich spüren, die in diesem Moment den Hörsaal erfüllt.

Um den Ärger abzubauen, bitte ich sie dann, bei einem Gedankenexperiment mitzumachen. »Stellen Sie sich doch vor: Sie leben 80 Jahre. Von diesen 80 Jahren sind sie, wenn es gut geht, vielleicht 70 Jahre fähig, sich Ihrer Vernunft zu bedienen und moralisch verantwortlich zu handeln. In dieser Zeitspanne heiraten Sie, haben ein paar Kinder, vielleicht auch Enkel, helfen ein paar Leuten, geben ein paar Euro der Caritas und freuen sich dann an Ihrer Rente (oder auch nicht). Warum sollte der allmächtige und allwissende Gott jemanden für ein paar gute Taten mit ewigem Leben beschenken müssen? Das wäre ja wie ein Schneeball-Betrug: Man zahlt 1000 Euro ein und bekommt mindestens 18 Prozent Verzinsung!« Viele sind vielleicht an dieser Stelle noch nicht völlig überzeugt, aber sie machen sich dann wenigstens Gedanken über ihr Leben und werden vielleicht ehrlicher. Was wir Gutes vollbringen, ist minimal und wirklich keine Eintrittskarte in den Himmel wert. Nur die Gnade Jesu kann das – und es ist sein Leben und Sterben, das unseren Werken und Taten erst Verdienst verleiht.

Die Versuchung der guten Werke

Die katholische Kirche hat die Sichtweise meiner Studenten schon seit dem 4. Jahrhundert abgelehnt. Ihr berühmtester Vertreter war Pelagius, der als Häretiker verbannt wurde. Er war sicher ein frommer Mönch, der an den freien Willen des Menschen glaubte, aber so sehr, dass er zu der Überzeugung gelangte, wir könnten uns mit unseren guten Werken erlösen. Für den heiligen Augustinus war die Sicht des Pelagius unlogisch: Wenn wir die Erlösung verdienen können, dann wäre Christus umsonst gestorben! Die Kirche folgte Augustinus und erklärte, dass niemand sich in den Himmel hineinarbeiten könne.[34] Wenn wir gerettet werden, dann nur durch die Gnade Jesu Christi, und unsere Werke sind nur verdienstlich, weil sie an Jesu Christi Verdienst teilhaben. Nur wenn wir auf Christus und seine Gnade setzen, wie Pascal sagt, werden wir das ewige Leben gewinnen.

Warum haben nun so viele Zeitgenossen ein Problem mit dieser grundlegenden, universalen christlichen Lehre? Warum ist es so, dass fast alle Katholiken (und viele andere Christen) im Geheimen und Unbewussten Pelagianer sind? Ich denke, dass einer der Hauptgründe in der Entwicklung des modernen Denkens liegt und in der Kultur unseres Individualismus.

Vor dem 19. Jahrhundert etwa waren Geschenke unter einfachen Leuten etwas Besonderes. Man hatte wenig zusätzliches

Geld und daher konnte man ein Geschenk wertschätzen, weil man wusste, dass man sich nicht revanchieren konnte. Wirkliche Geschenke sind immer unverdient – wie etwa das Geschenk des Lebens. Im ersten Buch der Bibel, Genesis genannt, finden wir eine Geschichte über den berühmten Turmbau von Babel. Das zentrale Thema der Geschichte ist aber nicht der Turm selbst, den Gott auch nicht zerstörte, sondern die Herzen der Menschen, die ihn erbauten. Sie werden uns als selbstsüchtig dargestellt; sie wollen große Dinge für sich und nur für sich erreichen – sie wertschätzen ihre Talente und Gaben nicht mehr als Geschenke Gottes und meinen daher, sie brauchten ihn nicht. Daher bestraft Gott ihren Stolz und bringt ihre Sprachen in Verwirrung – die Stadt selbst bleibt aber unzerstört. Die Menschen sind nun dazu verdammt, in Unverständnis ihrer Worte zusammenzuleben – und ungehört zu bleiben; was für eine schreckliche Strafe! Diese Geschichte enthält nicht nur Erfahrungen der Israeliten aus ihrem Exil in Babylon, sondern erzählt uns auch etwas über die Christen in der Industriellen Revolution im 18. und 19. Jahrhundert: Eine neue Stadtkultur entwickelt sich, in der Menschen für sich selbst arbeiten (müssen), um die notwendigsten Bedürfnisse zu stillen, in der aber Gott und die Dankbarkeit für seine Geschenke immer mehr verblassen. Weil der moderne Mensch immer mehr meint, alles sei für ihn erreichbar, werden Gott und die Idee, dass das Leben und seine Botschaft ein Geschenk sind, eliminiert. Man muss und wird alles selber schaffen!

Wenn man aber die Dankbarkeit achtlos wegwirft, dann schüttet man damit auch die Bescheidenheit in den Abguss. Wenn man sich einmal von diesen Tugenden verabschiedet hat, können wir nicht mehr grundlegend dankbar und bescheiden sein, weil wir es wie im berühmten Lied von Frank Sinatra, »I did it my way«, eben alleine schaffen. Ich sage damit nicht, dass wir nicht auch stolz sein können auf das, was wir erreicht haben, sondern vielmehr, dass wir uns immer klar machen müssen, woher das Wichtigste im Leben kommt, nämlich von Gott. Wenn wir in die Falle tappen, dass wir selbst Herrscher und Herrscherinnen unseres Lebens sind, dann betrügen wir uns nur selbst und folglich glauben wir dann auch, dass wir es von alleine in den Himmel schaffen können. Dann wird es auch verständlich, unsere innere Unruhe über unser ewiges Ende damit zu befriedigen, man »habe ja niemanden umgebracht« und müsse so das ewige Leben verdienen. Die Ironie ist, dass zwei reuige Mörder, Moses und Paulus, die Säulen des Glaubens sind!

Das Verschwinden der Vorsehung

Besonders die Deutschen kommen nur schwer mit der Vorsehung zurecht, auch weil der Begriff in der Nazizeit so oft missbraucht wurde. Bis zur Aufklärung im 18. Jahrhundert wussten die meisten Menschen, was die göttliche Vorsehung ist, und viele glaubten an sie. Sie war nicht nur das Vorherwissen Gottes, sondern vor allem seine Leitung und Richtungsweisung für alle Dinge in der Welt. In anderen Worten, Gott war in der Welt aktiv, was natürlich nicht meint, dass man glaubte, dass er wie ein Gärtner ständig in die Welt eingreift, aber dass seine Weisheit alles leitet. Einige Theologen benutzten die Vorsehung, um die Schönheit der Welt zu erklären. Sie verfassten beeindruckende Werke, in denen etwa die perfekte Anpassung von Spinnen an die Umwelt oder aber Pflanzen oder die komplexe menschliche Natur mit den Plänen Gottes erklärt wurden. Obwohl solche Argumente für ein intelligentes Design der Welt nach einem Schöpferwillen theologisch, philosophisch, aber auch naturwissenschaftlich problematisch sind[35], bezeugen sie doch den starken Glauben, dass die Weltregierung Gottes existierte, dass Gott nicht fern war, sondern nah!

Viele Historiker sind der Ansicht, dass das verheerende Erdbeben von Lissabon 1755 viele an der Vorsehung ein für allemal verzweifeln ließ. Wie konnte Gott so eine Katastrophe zulassen?

Wie ließ sich dies mit dem Glauben an einen allgütigen Weltenlenker vereinbaren? Viele Aufklärungsphilosophen kamen zu dem
Schluss, dass wir im Universum einfach alleine sind und es keinen
Weltenlenker gibt. Andere wie Immanuel Kant argumentierten,
dass man nie objektiv sagen könne, ob ein Geschehen von der Vorsehung verursacht wird. Nach ihm sollten wir, wie das Ende von
Voltaires *Candide* nahelegt, Lenker unseres eigenen Schicksals sein,
um nicht dem Nichtstun und der Lethargie anheimzufallen.

Sicherlich sahen Kant und Voltaire einiges richtig: Wir können
mit den Mitteln der Vernunft alleine nie wissen, ob etwas von der
Vorsehung zustande gebracht wurde. Mit dem heiligen Thomas
von Aquin können wir aber auch sagen, dass Gott die Welt in ihrer
Wirklichkeit erhält, sie aber auch mit der Kraft der Eigenwirklich-
keit versehen hat, sodass sie Dinge und Ereignisse hervorbringen
kann. Wenn also das Klima eine Heuschreckenplage begünstigt,
die Mose vorhergesehen hat, dann wirkt Gott durch die Zweitursa-
chen des Wetters. Das Wetter bringt hervor, was Gott intendierte,
der die Erstursache ist.[36]

Der Puppenspieler-Gott

Kant ging aber noch weiter. Er glaubte, dass jedwede äußerliche
Leitung unserer Vernunft unsere Freiheit zerstört. Gnade, die uns
hilft und umformt, sei wie ein Gängelband, das uns zurückhält
und versklavt, meinte er. Wir sollten stattdessen alles aus eigener
Initiative erreichen können.[37] Für Kant war es demnach unmoralisch, auf die göttliche Vorsehung zu vertrauen, weil man dann
darauf verzichtete, seine eigenen Tugenden und Normen zu entwickeln und ihnen zu folgen. Man liefere sich einem Puppenspieler-
Gott aus, argumentierte er.

Es muss schon überraschen, wenn ein intelligenter Mann
wie Kant an eine solche Karikatur des christlichen Bekenntnisses

glaubte. Wie viele tun es ihm wohl heute gleich? Der Philosoph konnte einfach Gnade und Freiheit nicht miteinander verbinden. Menschliche Freiheit und göttliche Vorsehung sind aber auf keinen Fall Feinde oder Rivalen, sondern arbeiten zusammen. Thomas von Aquin bemerkte zu Recht, dass die Gnade niemals die Natur zerstört, sondern vollendet. Dieses Prinzip ist auch in unseren Taten zu verankern.[38]

Gnade und Freiheit kooperieren so, dass die menschliche Freiheit voll verantwortlich bleibt. Die Gnade limitiert daher auch nicht meine Handlungsoptionen, sondern befreit mich erst aus der Versklavung an die Materie. Der Alkoholismus bietet eine gute Analogie: Wenn man an dieser Sucht erkrankt ist, ist man ständig versucht, ein ganzes Leben lang, ein Glas Alkohol zu leeren. Die Gnade wirkt dann in etwa wie die Sitzungen der Anonymen Alkoholiker, die dem Süchtigen die Kraft geben, sich der Sucht entgegenzustellen. Der Sponsor und diese Treffen zerstören aber doch nicht die Freiheit des Süchtigen, sondern helfen ihm ja gerade Freiheit zurückzugewinnen. Sie kooperieren mit dem Betroffenen und eröffnen ihm eine Welt von Möglichkeiten, die ihm zuvor verschlossen war. Wie also sollte uns die Gnade, die genauso wirkt, unfreier machen?

Sicherlich kann man immer auf seine alten Wege zurückfallen, wenn man nicht immer vorsichtig ist und kein Netz von Freunden hat, die einem helfen, der Sucht zu widerstehen. Mit der Gnade ist es genauso: Wir können ohne sie nicht der Sünde widerstehen. Aber diese Realisierung widerspricht der Kultur, die seit der Aufklärung im 18. Jahrhundert verbreitet wurde. Uns wurde seither immer gesagt, dass wir unabhängig sein sollen, um frei zu sein, dass wir niemanden und nichts brauchen außer uns selbst. Ironischerweise aber sagen uns Werbung und Stars, was wir »brauchen« – und wir lassen uns fremdbestimmen wie Puppen im Theater. Die Tatsache, dass wir uns auf diese Menschen verlassen, unser Gewissen und unsere Bedürfnisse sozusagen auf diese auslagern, zeigt uns, dass wir wirklich jemanden brauchen, der unser Interesse im Auge hat, und nicht unser Geld. Die Leere der Konsumgesellschaft bringt deutlich hervor, dass wir jemanden brauchen, der uns aus dem Treibsand, der uns das Leben und jede Lebensqualität raubt, herausreißt.

Wenn Papst Franziskus davon spricht, dass die Kirche ein Feldhospital sei, dann ist das keine neue Idee. Viele sehen die Kirche als einen Dienstleister, der an entscheidenden Lebenspunkten ein gutes Fest garantiert und vielleicht noch wie ein Flaschengeist ein paar Ecken und Kanten des Lebens poliert. Die wenigsten aber sehen, dass die Gnade Gottes uns ja nicht mit einem Heiligenguss verzieren, sondern vollenden und umschaffen will, wenn wir uns als Süchtige Gott vollends empfehlen.

Aber wir wollen immer unabhängig sein, und wir wollen keine »unverdienten« Geschenke, wie etwa das ewige Leben mit Gott, weil wir meinen, wir hätten sie verdient. Die Gnade funktioniert aber so gerade nicht. Obwohl die Kirche immer gelehrt hat, dass jeder Mensch ausreichend Gnade besitzt, um zum Glauben zu gelangen, hat kein Mensch Anspruch auf sie. Wir sind Geschöpfe und er ist Gott. Er hat in dieser Hinsicht keine Verpflichtung uns gegenüber. Außerdem, wie wir oben sahen, steht die ewige Seligkeit in keinem Verhältnis zu den wenigen guten Dingen, die wir in unserem Leben erreichen.

Das Kleingedruckte der Gnade

Gnade als Selbstmitteilung Gottes ist etwas Persönliches. Sie verlangt die Offenheit des menschlichen Herzens. In den Worten von Papst Benedikt XVI. benötigt das Wirken der Gnade diese Einsicht: »Er hat mich zuerst geliebt, bevor ich überhaupt selber lieben konnte. Nur weil er mich schon kannte und liebte, bin ich überhaupt geschaffen. Ich bin also nicht durch einen Zufall in die Welt hineingeworfen worden, wie Heidegger sagt, und muss jetzt sehen, wie ich in diesem Ozean herumschwimme, sondern mir geht eine Erkenntnis, eine Idee und eine Liebe voraus. Sie ist auf dem Grund meiner Existenz vorhanden.«[39]

Diese Liebe ist ein Geschenk, und das ist für viele ein Problem, weil Geschenke eine Last geworden sind. Wenn meine Kinder ein Geschenk für 40 Euro von Freunden bekommen, fühle ich mich verpflichtet, ein Geschenk gleichen Wertes zurückzuschenken. Aber das sind dann keine Geschenke mehr, sondern eigentlich Tauschobjekte. An Weihnachten ist dieser Druck besonders stark, aber vielleicht können wir ihm entfliehen, wenn wir die Geschenke von Eltern an ihre Kinder betrachten. Eltern erwarten nichts Gleichwertiges zurück, sondern wollen etwas Freude in die Kinderaugen zaubern. Trotz allem Konsumdenken ist hier noch ein Schatten der wichtigen Botschaft vorhanden. Außerhalb der Weihnachtszeit und der Geburtstage fühlen wir uns daher auch seltsam, wenn wir aus dem Nichts einfach ein Geschenk von einem Bekannten erhalten. Wir vermuten eine Agenda dahinter, einen Trick vielleicht – jemand will etwas von uns … Warum sonst …?

Einige moderne Soziologen haben erkannt, dass der Austausch von Geschenken ein notwendiges Ritual unter Menschen ist. Dieses habe eine stabilisierende Funktion für die Gesellschaft, aber vielleicht bringt es auch ein Problem für unseren Gottesbegriff. Wenn wir immer einen Tausch von Gegenständen hinter Geschenken vermuten, dann müssen wir hinter Gottes Angebot, uns ewige Freundschaft mit ihm im Himmel zu schenken, etwas erwarten, was wir als Gegenleistung erbringen müssen. Aber der Himmel ist für Menschen verschlossen.

Es gibt keine Menschen im Himmel. Wie ich das sagen kann? Ist das denn keine Häresie? Nein. Was ich damit ausdrücke, ist, dass es absolut unwichtig ist, was wir tun. Als Menschen kommen wir nicht in den Himmel. Erst wenn wir jemand anders werden, umgestaltet in Christus, gehen wir in die Herrlichkeit ein. Dann sind wir keine reinen Menschen mehr, sondern durch Christus umgestaltete Gotteskinder. Wenn Gott uns verspricht, in unseren Herzen zu wohnen, dann verspricht er auch, uns zu verändern und uns zu verdienstlichen Werken zu befähigen. Ohne diese Gnade wären unsere Werke zwar moralisch, aber ohne Auswirkung auf die Ewigkeit.

Wenn man im Stand der Gnade ist, das heißt ohne schwere Sünde, folgt man Christus, und die Werke, die man vollbringt, reflektieren die Gnade Christi. Es ist die Gnade Christi, nicht unser Tun, welche diese Werke, wie etwa Almosengeben, Einsatz für die Schwächsten etc., verdienstvoll macht. Diese Taten werden zu unseren Geschenken aus Liebe zu Gott, die an der Liebe Christi teilhaben und daher mit Gottes Geschenken belohnt werden: »Die Liebe Christi ist in uns die Quelle all unserer Verdienste vor Gott. Die Gnade vereint uns in tätiger Liebe mit Christus und gewährleistet so den übernatürlichen Charakter unserer Taten und folglich ihren Verdienst vor Gott und den Menschen.«[40]

Der Philosoph Dietrich von Hildebrand hat dies wunderbar in seinem Buch *Die Umgestaltung in Christus* zusammengefasst, das er in der Nazizeit unter einem Pseudonym verfassen musste. Er schreibt, dass diese Umformung eine radikale Veränderung mit sich bringt: »Wir müssen von der tiefen Sehnsucht erfüllt sein, ›andere zu werden‹, und uns selbst abzusterben und neue Menschen in Christus zu werden. Diese Sehnsucht, die Bereitschaft, ›abzunehmen‹, damit er ›wachse in uns‹, ist die erste elementare Voraussetzung der Umgestaltung in Christus … Die Übergabe an Christus schließt die Bereitschaft ein, sich von ihm völlig umgestalten zu lassen, der Veränderung unserer Natur durch ihn keinerlei Schranken zu setzen.«[41] Hildebrand, dieser Meister der Analyse, hat es wunderbar auf den Punkt gebracht: Gnade verlangt unsere totale Hingabe. Ein Waffenstillstand ist ausgeschlossen, nur die bedingungslose Kapitulation hat Aussicht auf Erfolg. Das verlangt natürlich, dass man bereit ist, sein Leben, seine Pläne und Ziele

Gott anheimzustellen. Mit anderen Worten, man muss bereit sein, plötzlich einen »Herrn« über sich zu haben. Es ist immer schmerzhaft, persönliche Freiheit zu opfern, aber dies ist der einzige Weg, um die Freiheit zu erhöhen, umzugestalten und wirklich frei zu werden für das Gute, das Schöne und das Wahre.

Weil diese Umformung schmerzhaft ist, sieht die Selbstaufgabe nicht sehr attraktiv aus. Könnte ich mit Gott nicht einen Kompromiss schließen? Könnte ich ihn nicht als Herrn akzeptieren, aber seinen störenden Einfluss von meinem bequemen Lebensstil fernhalten? Muss ich mich denn wirklich so grundlegend ändern und das Böse in mir mit Stumpf und Stiel ausmerzen? Reicht denn nicht ein bisschen religiöse Kosmetik? Der schottische Dichter George MacDonald hat diese Furcht in ein wunderbares Bild gekleidet: Gott ist wie ein Architekt, der uns verspricht, unser kleines, komfortables Haus umzubauen. Natürlich willigen wir ein, aber nach einiger Zeit sehen wir, dass er ein Vielfaches des Budgets verbraucht hat für Luxusartikel wie goldene Wasserhähne oder teuerstes Mahagoni-Holz. Dann aber geht uns ein Licht auf: Der Architekt will selber in unser Haus einziehen – deswegen hat er alles nach seinem Geschmack umgebaut. Gott baut natürlich nicht willkürlich an uns herum, aber er weiß um unsere Potenziale und unsere Schwächen, und er will in uns wohnen; bei jedem Begräbnis hören wir, dass der Leib des Verstorbenen ein »Tempel des Heiligen Geistes« war – was mich immer kalt erwischt und an die Realität erinnert, in der ich verfehle, ein solcher Tempel zu sein. Die Frage, die wir uns aber stellen müssen, ist: Wollen wir, dass Gott überhaupt in unsere Seele einzieht, oder nicht? Ein Zwischendrin gibt es nicht. Entweder wir wollen es und müssen ihm Raum schaffen, indem wir den Ballast unseres Ich abbauen, oder wir verschließen uns seiner Gnade. Wir können nicht ein bisschen was für Gott »tun«, wie etwa unsere Kirchensteuer zahlen und dreimal im Jahr in die Kirche laufen, und eine Belohnung erwarten. Warum auch? Wir haben Gott ja ausgesperrt; wir haben die Gnade in Taufe und Firmung empfangen, werfen sie aber weg. Wir sind wie die schlechten Freunde, die immer nur anrufen und auftauchen, wenn sie etwas von einem wollen. Dass der Himmel voll von solchen Menschen ist, bezweifle ich ganz stark, oder meinen Sie das etwa?

Moralismus wird uns nicht erlösen

Der Kern dieser falschen Ansichten liegt in zwei Ansichten des Pelagius. Zum einen meinte er, dass Christus nur für die gestorben sei, die sich dafür entscheiden zu sündigen, und zum anderen, dass einige sich durch ihre eigenen guten, tugendhaften Werke erlösen können. Pelagius war also nicht gottlos, wie ihm Karl Barth vorgeworfen hat, sondern ein christlicher Moralist, der gut in unsere Zeit gepasst und wahrscheinlich auch einen Lehrstuhl an einer theologischen Fakultät erhalten hätte. Er versuchte die Frage zu beantworten, was den Wert menschlicher Handlungen ausmacht. Der heilige Augustinus aber machte klar, dass Pelagius die Konsequenzen übersehen hatte (und es macht einen großen Denker aus, sich dieser eben bewusst zu sein): Wenn ich mir einen Platz im Himmel verdienen kann, dann ist der Tod Christi am Kreuz nicht das einzigartige Ereignis, durch den die Himmelspforte aufgetan wird. Das Kreuz war dann eigentlich unnötig. Für Augustinus widerspricht diese Sicht aber dem Glauben. Denn im Zentrum unseres Glaubens steht die Eucharistie, in der Jesus als das Opferlamm erscheint und Jesu Hingabe seines Lebens zentrale Stellung einnimmt. Schlussendlich wird bei Pelagius damit auch die Eucharistie entwertet. Die meisten zeitgenössischen Pelagianer, die sich natürlich nicht so bezeichnen, sind sich dieser Konsequenzen bestimmt ebenso wenig bewusst, denn sie würden sonst einsehen, wie unchristlich diese Sichtweise eigentlich ist.

Aber warum sind wir immer wieder versucht zu meinen, wir könnten den Himmel mit guten Werken gewinnen? Ich glaube nicht, dass wir den mittelalterlichen Katholizismus als Wurzel anklagen sollten, denn Historiker haben uns ein sehr vielschichtiges Bild des Mittelalters vorgelegt, das die alten Vorurteile völlig widerlegt. Die Aufklärung im 18. Jahrhundert scheint der plausiblere Kandidat zu sein. Es gibt aber noch eine andere Erklärung. Im 19. Jahrhundert, als die Industrialisierung und der Kapitalismus die westliche Welt eroberte, erhöhte sich die Zahl derer dramatisch, die auf einen Fabrikjob angewiesen waren. In früheren Generationen konnte man vom Land selbst leben, nicht aber in der Industriestadt. Die Gehaltserhöhungen wurden immer wichtiger, und als Konsequenz veränderte sich auch die Beziehung des Menschen zur Arbeit. Man wandte diese Sicht nun auch auf die Religion an: Was muss ich tun, um die richtige Kompensation im Jenseits zu erlangen?

Der Himmel und das ewige Leben wurden wie ein Geschäftsabschluss gehandhabt, wie ein Gütertausch. Das ist verständlich, da Gott, wie der Vater der modernen Wirtschaftswissenschaften, Adam Smith, erklärt, an unserem Glück interessiert ist und die Güte Gottes davon abhängt, wie er seine Güter verteilt. Gott wird nach Smith also nicht verehrt, weil er Gott ist, sondern er wird angebetet, insofern er das menschliche Glück und den Wohlstand garantiert. So wurde Gott zu einem »Ding«, das man gebrauchte, um zu etwas zu gelangen. Gott wird Mittel zum Zweck! Er ist nicht mehr das höchste Gut, wie es die klassische Theologie ausführte. Eine größere Kluft zwischen dem heiligen Thomas von Aquin und Adam Smith kann man sich also kaum vorstellen.

Für den heiligen Thomas war Gott nicht die Garantie unseres Glücks und Wohlstands, weil wir Glück und Vollendung nur in Gott finden. Es war nicht einfach ein Gefühl des Wohlbefindens, das verschieden von Gott war, wie es Smith auffasst. Vielleicht hilft uns diese Analogie, beide Positionen etwas klarer herauszuarbeiten: Wir werden zu einem Abendessen eingeladen, um eine wunderbare Person zu ehren, aber wir gehen nur wegen des guten Essens und Weines hin. Das wäre in etwa die Position von Smith, die offensichtlich wird, wenn wir seine *Theorie der ethischen Gefühle* genauer ansehen: »Das göttliche Wesen erschuf und arrangierte die gewaltige Maschine des Universums, sodass es zu allen Zeiten die größte Anzahl (*quantity*) an Glück produziert.«[42]

Für Smith bringt Gott dieses quantitative Wohlgefühl dadurch hervor, dass er den menschlichen Körper in einer Weise eingerichtet hat, die es unmöglich (!) macht, Sympathie mit anderen in Leid und Schmerz zu haben. Vielmehr, so Smith, seien wir von Gott darauf programmiert, den Erfolg und Wohlstand anderer nachzuahmen. Wenn wir demnach nach mehr Geld und Konsum streben, so imitieren wir den göttlichen Plan, und dann sind es auch unsere Taten, die uns erlösen, nicht die Gnade Gottes. Smith gibt das auch zu, wenn er sagt, dass wir durch aktive Mildtätigkeit in den Augen Gottes Mitleid finden und dadurch auch Vergebung.[43] Solche Mildtätigkeit ist aber nur möglich, wenn wir ohne Zwang handeln. Daher schließt Smith aus, dass wir die Gnade brauchen, denn wenn das traditionelle Christentum wahr wäre, dann würde die Notwendigkeit der Gnade das »Gefühl der Erfolgsnachahmung anderer« wertlos machen.

Die Sicht des heiligen Thomas ist eine ganz andere. Für den Dominikaner ist es ausgemacht, dass Ehre, Macht und Reichtum – alles Dinge, die für Smith ungemein wichtig sind – uns niemals glücklich machen können. Sie sind höchstens Mittel zum Ziel, nämlich zur Verehrung und Verherrlichung Gottes. Außerdem ist für ihn die Gnade unbedingt notwendig, um uns aus unserer Selbstsucht, die Smith ja geradezu zelebriert, zu befreien.

Dennoch ist die Versuchung, Pelagius oder Adam Smith zu folgen, immer noch groß. Schließlich versprechen sie ein einfacheres, Smith sogar ein bequemes Wellness-Christentum, welches das ewige Leben wie die Auszahlung einer Lebensversicherung sieht. Aber was übersehen wird, ist, dass der Gott von Smith ein abstrakter Gott ist, eine Idee. Wenn wir unseren Glauben auf einem solchen abstrakten Niveau belassen, dann ist es unwahrscheinlich, dass wir der Versuchung, ein paar gute mildtätige Taten könnten uns den Himmel erwerben, widerstehen. Schließlich würden wir so etwas von einem »gerechten« Gott erwarten! Aber weder Altes noch Neues Testament reden jemals davon, dass etwa Abraham es »verdient« habe, zum Vater vieler Nationen zu werden, oder die Gottesmutter Maria es »verdient« habe, Jesus zu gebären, oder Petrus, der Apostelfürst zu werden. Alle drei wurden aufgrund ihres Glaubens ausgewählt, nicht aufgrund irgendwelcher guter Taten oder ein paar Almosen. Wenn wir einmal mit Christus im Stand der Gnade leben, dann erhalten wir auch das Geschenk der Standhaftigkeit, die Versuchungen von Pelagius und Adam Smith hinter uns zu lassen.

Nur eine wirkliche, direkte Begegnung mit Christus kann uns helfen, dieses abgrundtief falsche Denken des Pelagianismus zu vermeiden. Hier können wir viel von den großen Mystikern und Heiligen lernen, die uns zeigen, dass niemand, der auf das brutal zerschundene Antlitz, seine durchbohrten Hände und Füße blickt, unberührt bleiben kann, außer er hat ein Herz aus Stein. Hier wird klar, wo das Mysterium eigentlich liegt. Gott hat seinen eigenen Sohn nicht verschont und stieg in die Vorhölle hinab, wie das Glaubensbekenntnis spricht. Da ist nicht die Rede von der Garantie unseres »Wohlfühlens«, sondern von der Errettung aus ewigem Tod!

Wenn wir den Mut haben, in das Antlitz Jesu zu schauen und Gott zu sehen, dann brauchen wir auch nicht ängstlich zu sein und können aufhören, uns Gott als unvorhersehbare, abstrakte göttliche Macht, ja wie einen göttlichen Diktator vorzustellen: Vielmehr werden wir ihn als unermessliche Quelle der Barmherzigkeit und Liebe erkennen. Wenn wir das Leiden Jesu zu unserem Leiden machen, wenn wir unsere Schmerzen und Schicksale ihm anempfehlen, dann gehen wir in ein Geheimnis ein, in dem uns bewusst wird, dass die großen und wichtigen Dinge des Lebens immer umsonst, das heißt nicht bezahlbar, sind und die Freundschaft Gottes das Wichtigste ist. Durch die Nachahmung Jesu werden wir umgestaltet, weil Gott dann kein Fremder mehr ist, sondern vielmehr können wir dann mit Paulus sprechen, dass »wir in ihm leben, uns bewegen und sind« (vgl. Apg 17,28).

5. DER DONNERGOTT

Keinem von uns ist es angenehm, wenn Unerwartetes unseren Zeitplan durcheinanderwirft. Eine undichte Stelle im Hausdach kann einem schlaflose Nächte bereiten, und Schwierigkeiten in der Arbeit schnell einmal die Urlaubspläne platzen lassen. Von Gott als jemandem zu denken, der unser Leben »unterbricht«, ist daher herausfordernd und auch höchst unbequem. Aber ist er nicht der Gott, der Abraham aufforderte, seinen Sohn Isaak zu opfern, und so seine Zukunftspläne zu durchkreuzen schien? Ist er nicht der Gott, der die Karriere des Saulus als pharisäischer Gelehrter zu einem jähen Ende brachte? Glaube ich, dass Gott mein Leben durcheinanderbringen kann wie Donner und Blitz, dass er mich fragt, ihm mein Leben zu geben? Die Lebendigkeit unseres Glaubens hängt von der ernsthaften Antwort auf diese Frage ab.

1960 publizierte Walter Miller den Science-Fiction-Roman *A Canticle for Leibowitz*. Er spielt in einer fernen, aber nicht allzu fernen, Zukunft in den USA, die nach einem Nuklearkrieg vollkommen zerstört sind, einschließlich der meisten Bibliotheken. Ein wenig vom Wissen der Jahrtausende hat sich in Fragmenten erhalten, aufbewahrt in ländlichen Klosterbibliotheken. Aber der Rahmen dieses Wissens war nun nicht mehr wirklich. So kannten die verwunderten Leser zwar ein paar Grundgedanken der Physik, aber der Rahmen der Entwicklung von Newton bis Einstein war ihnen unbekannt, weil nur ein paar bruchstückhafte Lehrbücher die Aschewolken der Bomben überlebt hatten. Manchmal habe ich den Eindruck, dass unser Glaube sich ähnlich verhält. Wir haben eine ungefähre Idee von Gott, aber wir haben irgendwie den Rahmen verloren, in den diese Idee passt. Wir haben Gott sozusagen aus unserem Leben herausgeschnitten, sodass er keinen Einfluss mehr auf uns hat. Er wurde zu einer blutleeren Idee.

Wirklich und nicht erfunden

Wenn unsere Sicht von Gott sich so verändert hat, ist das Problem vielleicht, dass wir überhaupt eine »Idee« von Gott haben? Saugt es nicht das ganze Leben aus dem Glauben, wenn wir über ihn nachdenken? Aber wir sollten uns nichts vormachen: Gott ist Person und Wirklichkeit, und kein leeres Konzept. Jeder von uns benutzt aber Begriffe; ohne Begriffe sind wir verloren in der Welt und können weder entdecken noch kommunizieren. Unser Geist schafft Begriffe, wenn er der Wirklichkeit begegnet. »Wald« ist zum Beispiel ein Begriff, ebenso »Zahl«. Wenn wir keine Begriffe haben, dann sind unsere Worte nur Namen für Dinge, die austauschbar sind, und wir könnten keine Wissenschaften betreiben, weil jede Begegnung mit einem Ding anders in andere Worte gekleidet würde. Wir brauchen Begriffe, um die Wirklichkeit zu beschreiben, und es ist wichtig darüber nachzudenken, wie wir Begriffe bilden und sie benutzen. Schließlich sind wir ja keine Computer, sondern aktive Geister.

Unsere Vernunft braucht Begriffe, um zu arbeiten, und es ist wichtig, woher diese stammen. Wenn unsere Begriffe nicht mit der Realität übereinstimmen, sind sie Fiktionen. Sie mögen dann vielleicht gut klingen, aber sie bilden keine Wirklichkeit ab. Daher ist es besonders wichtig, den richtigen Begriff von Gott zu haben. Der Evangelist Johannes erinnert uns, dass der Sohn Gottes den Vater offenbart (vgl. Joh 1,18): Wahrheit ist immer Enthüllung, Offenbarwerden von etwas. Und Christen wissen um die menschlichen Grenzen der Rede von Gott und dass wir diese Offenbarung Gottes brauchen, um korrekt von Gott zu denken.

Die Kirche erinnert uns daran, unsere Vernunft zu gebrauchen, um tiefer in unseren Glauben einzudringen und ihn zu verstehen, ihn einsichtig zu machen. Wir können nicht still stehen, sondern müssen uns bewegen, wenn wir tiefere Einsichten in das Geheimnis Gottes finden wollen. Wenn wir mit dem Heiligen Geist wandern und mit ihm zu Gott hin denken, werden wir für diese Reise gut ausgerüstet sein. Dann realisieren wir, dass wir nach dem richtigen »Begriff« von Gott gesucht haben, nämlich nicht nach einem bloßen Gedankending, sondern nach dem wirklichen Gott.

Die Art und Weise, wie frühere Generationen Gott verstanden haben, hat sich verflüchtigt. Heute denken die meisten über Gott nach wie über eine moralische Entscheidung. Wir drücken unsere Meinungen über Gott aus, wie etwa »Gott ist die universelle, vergebende Liebe. Aus Liebe schuf er die Menschen. Daher werden alle Menschen nach ihrem Tod in den Himmel eingehen, weil Gott alle Sünden vergibt. Die Hölle ist ein Märchen.« Obwohl der Schluss nicht aus den Voraussetzungen folgt, gibt es zahllose Menschen und selbst Professoren, die solches von sich geben, dabei aber nicht wirklich mit Vernunftgründen argumentieren, sondern einfach, wie zu moralischen Alltagsfragen, eine Meinung äußern.

Anstatt aber Aussagen über Gott auf gute, logische Argumente zu gründen, wie es etwa Thomas von Aquin oder Francisco Suárez taten, publizieren heute viele ihre »Gedanken« über Gott ohne jeglichen Anspruch auf Vernünftigkeit. Meist sind diese Machwerke Gefühlen und unverdauten philosophischen Brocken entsprungen, aber nie im Feuer der Vernunft gehärtet worden. Als Theologe muss ich aber fragen, warum Gott die Liebe ist und was Vergebung im Einzelnen beinhaltet und ob sie so einfach mir nichts dir nichts jedem aufgebürdet werden kann, der nicht einmal um Vergebung bittet. Als Theologe suche ich nach Gründen, nicht nach Meinungen.

Begriffe von Gott zu hinterfragen ist eine rationale, vernünftige Angelegenheit. Wenn man aber die Sichtweise eines anderen Menschen im besten Sinne herausfordert, werden viele nicht mit

Vernunft antworten, sondern mit emotionalen Attacken. Ich habe es in zahllosen Fakultätssitzungen erlebt, wie vernünftige Nachfragen nicht mit Vernunftgründen beantwortet, sondern von Kollegen moralisch untergraben wurden. Auch unter deutschen Theologen ist diese Unsitte mittlerweile Standard. Man stilisiert sich zum Vertreter einer »lebendigen Theologie« und setzt damit die andersdenkenden Kollegen mit einer »toten Theologie« gleich. Oder aber man entgegnet mit einem Werturteil: »Weil ich an die Vergebung glaube und die Liebe mein höchster Wert ist, vertrete ich diese Position.« Damit wird natürlich der Kollege, der höflich gefragt hat, warum man auf einmal alle Vorlesungen nur mit »Liebe« und »Barmherzigkeit« zu betiteln hat, angegriffen: Er wird indirekt bezichtigt, dass er nicht an die Vergebung glaubt, sondern vielmehr, dass er eine Person ist, für die Liebe und Vergebung keine höchsten Werte darstellen. Das Ziel ist klar: Man will den anderen herabsetzen und andere dazu bringen, diesen einfach zu ignorieren. Um es noch einmal zu sagen – ein Argument hat man nicht vorgelegt, sondern nur den Fragenden, denjenigen, der mit Vernunft an die Sache herangehen wollte, untergraben. Eine Antwort auf seine Frage, wie sich Gerechtigkeit und Liebe in Gott zueinander verhalten, bleibt man ihm schuldig. Solche Attacken sind hinterhältig und ganz bewusst platziert – ja bestimmte theologische Lehrmeister bilden ihre Schüler zu wahren Meistern darin aus. Die Konsequenz ist aber, dass sich ernsthafte Denker zurückziehen und solchen Pseudo-Akademikern das Feld überlassen, die ihre beim Frühstückstisch getroffenen Meinungen kundtun, aber von Logik und christlicher Tradition keine Ahnung haben.

Der Gottesbegriff wurde zu etwas, zu dem jeder sich qualifiziert fühlt etwas zu sagen, ohne seine Aussagen auf Widersprüche abzuklopfen und vor dem Forum der Vernunft zu verteidigen. Gott wird wie das Wetter – für den einen ist es dies, für den anderen das. Doch wenn jemand meine Aussagen über Gott infrage stellt, dann kann ich ihn einfach abweisen und als moralisch verwerflich hinstellen mit den Worten: »Sie teilen eben meine hohen Werte nicht.« Oder: »Meine Position ist die barmherzigste gegenüber den Armen und an den Rand Gedrängten.« Plötzlich wird man zum gesellschaftlichen Monster ohne Werte gestempelt, das die Armen ausbeutet und Menschen in den Abgrund stößt – so einfach geht das, und wenn Sie aufmerksam kirchenpolitische, politische oder theologische Diskussionen ansehen, wissen Sie, wie weit verbreitet dieses Schema ist. Wenn man erst einmal bemerkt hat, was hier vorgeht, sieht man die abgrundtiefe Verwerflichkeit solchen Handelns, weil es natürlich eines opfert, nämlich die Wahrheit.

Aber wie sind wir hierher gelangt? Warum können wir nicht mehr vernünftig miteinander über Gott diskutieren oder über andere objektive Wahrheitsansprüche? Es gibt mehrere Gründe. Der Philosoph Alasdair MacIntyre hat sie in seinem epochemachenden Buch *Der Verlust der Tugend* ans Tageslicht gezerrt. Er zeigt die Probleme der modernen Moralphilosophie auf und macht klar, dass der sogenannte Emotivismus der eigentliche Grund für diesen geistigen Verfall ist.[44]

Emotivismus klingt nun wie ein hochtrabend kompliziertes Konstrukt, ist es aber gar nicht. Es bedeutet, dass etwas gut oder schlecht ist, weil unsere Gefühle es so empfinden, nicht aufgrund einer Eigenschaft des Dings oder der Handlung, die wir betrachten. Ich »fühle«, dass mein Nachbar recht hat, eine Mauer zu bauen, kann als Beispiel dienen. Ich gebe ein Gefühl wieder, aber keine Gründe. Das Problem ist nun, dass man mit Gefühlen nicht diskutieren kann, weil man sich auf Vernunft nicht einlassen muss, man »fühlt« ja, dass man recht hat. Solche Emotivisten glauben nun, dass man auch Handlungen nach ihrem Resultat beurteilen soll: Was uns ein gutes Gefühl gibt, ist gut, was nicht, ist eben schlecht. Wenn mich Haschisch entspannt, kann es nicht schlecht sein. Wenn vorehelicher Sex niemandem »wehtut«, kann er nicht schlecht sein. Wie man sieht, führt dies zur Aufgabe aller objektiven oder universalen moralischen Standards.

Es ist eine Philosophie der Gleichgültigkeit der Wahrheit, aber auch der Wirklichkeit gegenüber. Man drückt der Welt den Stempel der eigenen flatterhaften Gefühle auf und unterwirft sie sich. Dies ist aber nun die vorherrschende Ethik in den Hörsälen unter den Studenten, aber auch an Elternabenden habe ich das »Ich fühle, das ist richtig« oft genug gehört. Schlussendlich kann alles moralisch gut oder schlecht sein, je nachdem wie es sich für jemanden, oder die Mehrheit oder eine Gruppe, »anfühlt«. Das Internet ist ein Tummelplatz solcher Emotivisten, aber auch Kollegentreffen und sogar Lehrstühle für Moraltheologie und Ethik. Solche Emotivisten rechtfertigen ihr eigenes Verhalten mit Statements wie »Ich habe gefühlt, das Richtige zu tun«. Weil solche Emotivisten Vernunftstandards entweder ablehnen oder sie so zurechtstutzen, dass es objektive Standards für moralisches Verhalten kaum noch gibt – außer natürlich dass es im »Konsens« geschieht, was wiederum alles erlauben kann –, können Sie mit solchen Menschen nicht diskutieren. Was auch immer Sie vorbringen, der andere hat immer recht, weil er sich im Recht »fühlt«. Und das ist das Traurigste an der ganzen Misere: Weil man sich so sicher ist, hinterfragt man seine Gefühle nicht mehr, wie es die großen Lehrmeister des Gebetes lehrten, und man bleibt so auf einem moralischen Kindergartenniveau stehen.

Der Irrgarten der Gefühle

Gefühle kontrollieren viele Aspekte unseres Lebens und manche glauben irrigerweise, dass sie unser Gewissen ausmachen. Traurig ist vor allem, dass so viele Pfarrer und Religionslehrer diese gefährliche und völlig falsche Lehre verbreiten.

Jedes Semester erinnere ich meine Studentinnen und Studenten: »Ich respektiere Sie alle als Personen und auch Ihre Gefühle. Aber Seminararbeiten sollen zeigen, dass Sie denken können. Daher will ich nirgends die Zeilen lesen ›Ich fühle, dass‹ – Gefühle sind keine Argumente!« Viele sehen etwas verdutzt drein, weil ihnen Lehrer und Eltern wahrscheinlich seit Kindesbeinen eingebläut haben: »Was du fühlst, ist gut und richtig«. Sicherlich »fühlte« sich Hitler im Recht, den Holocaust anzuordnen. Er folgte seinem »Gewissen« beziehungsweise dem, was davon übrig geblieben war. Aber das unterschlägt doch die Frage, ob seine Tat moralisch gut oder verwerflich war. War es denn gut, dass er seinem Gewissen gefolgt ist?

Wenn wir nicht sprachlos dastehen wollen, dann können wir uns auf eine solche billige Definition des Gewissens nicht einlassen. Hitler war ein Massenmörder von ungeheurem Ausmaß und seine Taten gehören zum Schrecklichsten, was Menschen je getan haben. Das muss man objektiv sagen können – dann hat man aber auch einen moralischen Standard. Die theologische Tradition hatte das Konzept des irrenden Gewissens entwickelt: Wenn man sein Gewissen nicht entwickelt und ihm nicht den Unterschied von Gut und Böse beibringt, dann verkümmert es und kennt nicht einmal die grundlegendsten moralischen Wahrheiten. Demnach folgte Hitler seinem verkümmerten, nicht vorhandenen Gewissen. Für den Emotivisten aber gibt es keinen Standard, um einen Unterschied zwischen Josef Stalin und Mutter Teresa auszumachen. Sicherlich würde nun ein Emotivist das nicht akzeptieren und uns angreifen. Er würde uns erklären, dass es immer schlecht ist, Gewalt gegenüber Personen anzuwenden. Aber wenn man zurückfragt, auf welcher Grundlage dieses Urteil beruht, wird man keine Antwort erhalten, wenn der Emotivist ehrlich ist. Denn es gibt für ihn keine Grundlage außer den Gefühlen, die man eben niemandem einfach anordnen kann. Auch die Gefühle einer Gemeinschaft können kein Standard sein; das Beispiel des millionenfachen Judenmordes zeigt dies doch deutlich: Die Gefühle der Mehrheit der Deutschen war dem Schicksal der Juden gegenüber teilnahmslos. Das kann den Holocaust aber doch nicht rechtfertigen!

Es gibt einen Grund, warum ich so viel Zeit damit verbracht habe, den Emotivismus darzustellen. Ich bin davon überzeugt, dass er unsere Gesellschaft untergraben hat und sein Gift in alle unsere Wertesysteme einspritzt. Er frisst sich wie Rost langsam, aber sicher selbst durch hartes Eisen. Gefühle scheinen uns heute wichtiger zu sein als die Wahrheit und das Recht, und Gefühle scheinen die wichtigste Rolle im Verhalten gegenüber Gott und unseren Nachbarn zu spielen. Tugend wird nicht mehr gebraucht und auch nicht mehr verstanden. Die Kirchen haben bereits ihre Segel gestrichen und sich zunehmend dem Emotivismus ergeben – man braucht sich nur eine Sonntagspredigt anzuhören. Diejenigen, die noch dagegen aufstehen, sind wenige geworden. Das Ideal aber, dass wir unsere Gefühle der Vernunft unterwerfen, wie es die alten Philosophen, die kirchliche Lehre und die Heilige Schrift gelehrt haben, ist für die Gefühlsaktivisten nur lächerlich. Wenn wir aber nicht dagegen aufstehen und ihnen das Feld überlassen, werden wir »launenhafte Christen«, um einen Begriff der anglikanischen Laientheologin Dorothy Sayers zu benutzen. Unser Gottesbegriff wird unserer Gemütsstimmung angepasst.

Mehr als ein Regelbuch

Die Erosion, von der Alasdair MacIntyre spricht, begann aber nicht erst im 20. Jahrhundert. Sie war schon lange in der Aufklärung des 18. Jahrhunderts vorbereitet. Autoritäten wurden hinterfragt, obskure Sprache abgelehnt und die naturwissenschaftliche Erkenntnis ausgebaut – alles wichtige Errungenschaften. Doch man begann auch Gott nicht mehr als Objekt eines lebendigen Glaubens zu sehen, sondern als eine Garantie für bestimmte Funktionen. Schön zu sehen am Beispiel Voltaires, des großen Religionskritikers, der bekanntlich auf die Frage, ob er einen religiösen oder einen ungläubigen Diener einstellen würde, antwortete: »Natürlich einen

religiösen, denn der wird mich wahrscheinlich nicht bestehlen.«
Gott erfüllt hier die Rolle eines moralischen Kompasses für die
philosophisch Ungebildeten. Wenn es ihn nicht gäbe, müsste man
ihn erfinden. Philosophen wie Voltaire oder Spinoza brauchten
natürlich nicht an Gott zu glauben, um moralisch zu sein, nur
die Massen. Manche Theologen adaptierten dieses Denken in ihre
Apologetik. Sie führten aus, der Mensch brauche Gott, um moralisch zu sein, um besser als die Ungläubigen zu sein. Eine Gesellschaft ohne Gott könne nicht existieren. Aber die Religion zahlte
einen ungemein hohen Preis dafür, Gott zum Stabilisator der Gesellschaft gemacht zu haben. Zum einen überzeugte dies die ge-
bildeten Eliten, dass sie Gott nicht nötig hatten, vor allem, wenn
man die Bibel nur als moralisches Regelbuch betrachtete. Zweitens
wurde nun der Glaube mit Unehrlichkeit gleichgesetzt, denn man
gebe ja nur vor, die Bibel erzähle die Wahrheit und es gebe einen
Gott, in Wirklichkeit verehre man ihn ja nur, um die Gesellschaft
zu stabilisieren.

Aus diesem Diskurs zogen moderne Atheisten die Konsequenz
und betrachteten das Christentum als moralisch überflüssig. Denn
wenn man die Vernunft als unfehlbare Moralinstanz hat, braucht
es ja nicht mehr das »Buch der Dummen«, die Bibel! Diese mein-
ten, es sei für vernünftige Menschen unmöglich, an die Heiligkeit
der Bibel zu glauben und sie als moralischen Leitfaden zu akzeptieren. An dieser Kritik ist einiges dran und man sollte sie nicht
einfach beiseite legen. Sie erinnert uns daran, dass wir unseren
Kindern nicht eine christliche Moral eintrichtern sollten, die einfach dazu dient, die Gesellschaft zu stabilisieren, sondern ihnen
die Gründe angeben sollten, warum Christen bestimmte Dinge für
moralisch gut und andere für moralisch verwerflich halten. Wenn
man seinen Kindern nur sagt: »Man stiehlt nicht«, ohne klarzumachen warum, dann kann man das auch aus einem Verhaltensbuch
lernen. Vielmehr ist es die Würde eines Menschen, die man verletzt, wenn man von ihm stiehlt (das bekannte Gegenbeispiel des

»Fringsen«, d.h. das Stehlen von lebensnotwendigen Gütern für das Überleben, widerlegt das nicht, sondern zeigt nur, dass es Ausnahmen gibt, bei denen ein Gut höher stehen kann). Man ist nicht Christ, um ein bisschen besser zu sein, sondern um ein ganz anderer Mensch zu sein! Man muss auch Kindern und Heranwachsenden Gründe angeben. Man nehme die Sexualität nur als Beispiel: Wenn man die eigenen Kinder auf eine gesunde Sexualität vorbereiten will, dann sollten die Eltern das selbst übernehmen und nicht den Lehrern überlassen oder gar dem Internet. Das ist nicht einfach, aber mit vielen Internethilfen gut möglich. Dann geht es aber auch darum, vernünftig aufzuzeigen, warum die Kirche dieses und jenes lehrt. So zeigt man einen Weg zu einem erfüllenden Leben. Dieser ist nicht ein bisschen besser als das, was die Welt anbietet, sondern eine radikale Alternative!

Vorsicht vor dem Humanismus

Manchmal frage ich mich, wie viele Christen und auch Pastoren und Pfarrer eine solche Aufklärungsphilosophie anstatt christlicher Theologie vortragen. Unzählige Male habe ich auch Eltern sagen gehört: »Wenn du an Gott glaubst, wirst du im Leben erfolgreicher und auch ein besserer Mensch sein.« Das ist das Evangelium nach Adam Smith, aber kein biblisches Gottesbild. Ja, diese Sichtweise ist verblüffend nahe an einer Bewegung, die sich »Prosperity Gospel«, auf Deutsch in etwa »Wohlstandsevangelium«, nennt. Gott ist für diese nur ein Mittel zu persönlichem Erfolg und Wohlstand. Anstatt ein gutes Ziel in sich selbst zu sein, weil er Güte, Schönheit und Wahrheit ist, wird er zu einem Dämon herabgewürdigt, der einem weltliche Güter verspricht.

Das degradiert das Gebet jedoch schnell zu einer reinen Selbstbestätigung; sicherlich ist es dann kein Dialog mehr mit einem lebendigen und aktiven Gott. Es ist vielmehr einem Fünfjährigen ähnlich, der vor dem Spiegel mit sich selber redet. Dieses pervertierte Bild des Christentums ist es aber, das Atheisten und Religionskritiker angreifen – und auch mit Recht. So ein Glaube sei doch reine Heuchelei. Warum braucht man einen Gott, um sich selbst zu bestätigen oder um Wohlstand zu erlangen? In der Tat scheinen diese Religionskritiker besser als manche sogenannte Christen zu erkennen, was an diesem Gottesbild falsch ist. Sie verstehen besser, dass viele Kirchenmitglieder den Gott, der seinen Sohn in die Welt gesandt hat, um uns zu erlösen, durch ein Trugbild ersetzt haben.

Weil das Christentum seit Langem die herrschende Religion war und weil sie lange, oft unterbewusst, oft auch in voller Absicht, die Idee unterstützt hat, dass Gott eine Stabilitätsfunktion für die Gesellschaft habe, wird diese Heuchelei nun auch unserem ernsten Glauben untergeschoben. Und um es ehrlich zu sagen, die Kirchen haben völlig versagt, ihren Gegnern die Munition gegen sie vorzuenthalten. Durch die Skandale in der Kirche, sei es Kindesmissbrauch, Doppelleben von Bischöfen und Kardinälen, Geldgier von Klerikern etc., aber auch durch unsere eigenen, im Glauben erkalteten Herzen, haben wir den Religionskritikern ausreichend an die Hand gegeben, um gegen den Glauben zu argumentieren. Es ist verständlich, dass die Missbrauchsskandale mit großem Genuss an die Öffentlichkeit gezerrt werden, aber meist wird dabei vergessen, dass die Kirche eine Kirche der Sünder ist und die Sünde dort auch erwartet werden muss. Die Heuchelei der Priester wird gerne gebrandmarkt – auch mit Recht –, aber wir müssen uns auch immer selbst fragen, wo und wie wir verfehlen, aufrichtig als Christen zu leben.

Kritiker werfen dem Christentum vor, ihre moralischen Standards nicht rechtfertigen zu können. Es sei unvernünftig, sagen sie, zu glauben, ein Embryo sei eine menschliche Person, nur weil dies die Bibel sagt. Für sie ist es unvernünftig, keusch vor der Ehe zu leben, weil es die Bibel lehrt. Ich stimme dem vollkommen zu – wenn es nur die Bibel sagen würde, dann wäre es nicht vernünftig, aber die

katholische Tradition besteht gerade darauf, dass es gute Vernunft-
gründe für ihre Moralvorschriften gibt. Es ist nicht die Bibel, sondern die Embryologie, die uns sagt, dass mit dem Verschmelzen von
Ei- und Samenzelle ein neues Lebewesen entsteht, mit einem eigenen Erbgut, das vorher noch nicht da war. Dass dieses Lebewesen,
auch wenn es sehr klein ist, weniger Schutz genießt als ein Haustier,
ist wider alle Vernunft. Genauso ist es mit der vorehelichen Sexualität: Die Vernunft sagt uns, dass Sexualität etwas mit Reife und
Verantwortung zu tun hat, und auch mit Nachkommenschaft. Da
braucht man keinen Bibelvers – die Vernunft reicht völlig aus.

Was ich mit all dem sagen will: Wenn wir unseren Glauben
verteidigen, dann sollten wir es nicht mit einer Autorität tun, sondern mit der Vernunft. Genauso ist es oft die beste Strategie, den
Gegner nach seinen Ansichten zu befragen, mit einem bohrenden
»Warum«? Oft werden so die größten Widersprüche zutage treten.
Nur wenn wir als Christen fähig sind, für unseren Glauben Rede
und Antwort zu stehen, Zeugnis für die Hoffnung abzulegen, die
uns erfüllt, werden wir von Religionskritikern für voll genommen.
»Das macht man eben so bei uns in der Kirche«, überzeugt niemanden. Man muss einsehen, warum die Kirche glaubt und was
sie glaubt. Das ist auch entscheidend für das Wachsen im eigenen
Glauben. Meine Kinder fragen mich ständig »Warum machen Katholiken das?« Kinder merken sofort, wenn man keine Antwort
hat. Man kann ehrlich sein und zugeben, dass mann ein Lexikon
konsultieren muss, dann muss man es aber auch tun. Ansonsten
werden die Kinder den Schluss ziehen, es müsse doch etwas total Unwichtiges sein, wenn die Eltern nicht einmal wissen, warum
sie etwas tun (»Warum gehen wir jeden Sonntag in die Kirche?« –
die Antwort »Weil man das so macht«, ist die schlechteste von allen!). Von keinem wird ein Theologiestudium verlangt, aber man
sollte doch nicht davor zurückschrecken, mehr über den Glauben
zu lernen. Wir bilden uns ständig fort, sei es über neue Computer-
programme, über neue Smartphones, wir lernen mit neuen Apps

umzugehen – aber wir unterliegen der völlig vernunftwidrigen Ansicht, dass wir im Glauben mit dem Abschluss des Religionsunterrichts nichts mehr hinzulernen müssten. Von keinem wird verlangt, wie der heilige Thomas von Aquin oder der heilige Augustinus zu reden. Aber wir sollten doch nicht zurückstecken und der Welt zeigen, dass Christen nicht deswegen glauben, weil sie ihre Vernunft an den Nagel gehängt haben. Selbst der erste Petrusbrief ermahnt uns dazu, Zeugnis abzulegen, und das kann man natürlich nur von dem, was man kennt (vgl. 1 Petr 3,15). Deswegen müssen wir den Emotivismus ablehnen und den moralischen Relativismus, und wenn wir nicht gleich ein gutes Argument zur Hand haben, dann ist es am besten, einfach ruhig zuzuhören und den Gesprächspartner wie Sokrates nach dem »Warum« seiner Argumente oder Gefühle zu fragen. Am wichtigsten aber ist es, niemals eine Diskussion mit einer Schlussfolgerung zu beginnen, sondern den anderen sachte und behutsam zu ihr hinzuführen.

Erinnern wir uns: Wenn wir das Christentum auf ein System von moralischen Vorschriften reduzieren, dann ist das brandgefährlich. Unser Glaube enthält moralische Verhaltensvorschriften, aber diese sind nur Mittel zum Zweck, nämlich um uns zu anderen Menschen zu machen, um in Christus umgestaltet zu werden. Religion mit Moral gleichzusetzen ist das schwierigste Erbe der Aufklärung des 18. Jahrhunderts. Nicht nur Philosophen und Theologen leiden unter dieser Last, sondern auch die ganze Kirche. Wenn Religion nur ein Konstrukt von Verhaltensvorschriften ist, dann hatte Auguste Comte – der berühmte atheistische Philosoph des 19. Jahrhunderts – Recht. Er entwickelte das sogenannte Drei-Stadien-Gesetz. Nach diesem geht die Menschheit durch eine geistige Entwicklung in drei Stadien oder Stufen. Auf der ersten Stufe vergötterten die Menschen die Natur, auf der zweiten begannen sie die Vernunft zu benutzen und entwickelten Philosophie und Metaphysik, erst im dritten Stadium sei die Menschheit fähig, alle theologischen Vorurteile über Bord zu werfen, weil nun die

Naturwissenschaft prinzipiell alles erklären könne. Man braucht die Religion nicht mehr für die Moral. Religion ist für Comte also ein primitives Überbleibsel.

Bemerkenswerterweise hatte aber Comte realisiert, dass selbst Menschen, die an die Naturwissenschaften allein glauben, egoistische Irrläufer sein können. Deshalb lehrte er, dass selbst auf der dritten Stufe der Wissenschaft die Kirchen mit einer Art neuer humanistischer Religion ersetzt werden müssten, die den Glauben an den Fortschritt der Menschheit predige. In dieser neuen Fortschrittsreligion müsse die Liebe das Grundprinzip sein; diese Liebe ist für ihn aber die »Unterwerfung des Eigeninteresses unter das soziale Gefühl«. In anderen Worten: Altruistisches Verhalten, das von einer Gruppe als »notwendig gefühlt« wird, ist gut, aber nur wenn die Gruppe es so bezeichnet. Nur eine solche Liebe könne die Menschheit zum Fortschritt bewegen.

Comtes humanistische Religion ist ein Vorläufer des Emotivismus. Sie hat keine Basis für die Moral. Wenn es keinen Gott gibt, dann sind moralische Vorschriften haltlos, weil es keine objektive Gutheit oder Schlechtheit gibt. Alles ist nur eine Übereinkunft der Gesellschaft; wenn es die Gesellschaft beschließt, kann sie auch eine ganze Bevölkerungsgruppe in die Gaskammern schicken. Schlechtsein ist in diesem System ja schließlich gesellschaftliches Übereinkommen. Wenn wir erkennen, dass in dieser humanistischen Gesellschaft alles erlaubt ist, was die Gesellschaft zum Fortschritt bringt, braucht es keinen Hellseher, um Parallelen mit Hitler oder Stalin zu sehen. Beide merzten Bevölkerungsgruppen aus, die ihrem selbst erklärten Fortschritt im Wege standen. Für Comte konnte dies sanktioniert werden, solange die Gesellschaft solche Maßnahmen gefühlsmäßig absegnete.

Das ist doch aber Emotivismus hoch drei. Dinge werden eben nicht gut, nur weil Menschen übereinkommen, dass sie gut sind. War etwa der Kindermord an chinesischen Mädchen, bis weit ins 20. Jahrhundert praktiziert, »moralisch«, weil er in der Gesellschaft akzeptiert war (weil Mädchen ungewollt waren)? Wäre es moralisch, jeden über 85 durch Euthanasie um sein Leben zu bringen, nur weil die Mehrheit der Gesellschaft das für gut befindet, um die Renten zu sichern?

Allen atheistischen Formulierungen eines »Glaubens an die Menschheit« ist eigen, dass ihre Werte auf gesellschaftlicher Übereinkunft und Nützlichkeit aufgebaut sind, welche sich schnell fundamental ändern können. Theologien, die Gott funktionalisieren, sind ähnlich aufgebaut, weil sie von der Aufklärungsphilosophie infiziert sind. Wenn man sich aber einmal in diesem Moralismus verheddert, dann gibt es kein Entrinnen. Dann wird man zu einem Christentum konvertiert, in dem Jesus nur der Morallehrer ist, die Bibel wird zum »Leitfaden« für moralisches Handeln, und das Lehramt bietet »hilfreiche Hinweise«. Ein ödes, langweiliges Christentum, in dem Gott zum Kumpel wird, der über mein Leben natürlich nicht urteilt, oder wenn doch, dann natürlich alles vergebend und vergessend. Unsere Gefühle entscheiden dann, welchem Gott wir folgen. Diese Theologie passt sich allen Lebensgewohnheiten an wie ein Sofakissen; sie ist weich wie Seide, süß wie Honig, redet vom gesellschaftlichen Fortschritt, kennt aber keine Wahrheit mehr. Jede Theologie, die nicht in den schmutzigen, blutverschmierten Kleidern des Zimmermanns von Nazareth erscheint und sich als Stolperstein für unsere Gesellschaft präsentiert, ist nicht von Gott, sondern menschengemacht.

Die Supermarkt-Kirche

Das komfortable Christentum ist natürlich viel netter anzusehen; es hat keine scharfen Ecken und dunkle Flecken. Es wird als Ort inseriert, in dem man »willkommen« ist. Das erinnert mich immer wieder an amerikanische Supermärkte, in denen man von einem Angestellten willkommen geheißen wird. Selbst Pfarrer verwenden diese Phrase heutzutage und benennen damit ein Problem: Wir konzentrieren uns zu sehr auf die Gefühle. Die Ausgegrenzten müssen einen Platz in der Kirche haben; die Armen und Kranken sind der Schatz der Kirche, aber es geht nicht darum, den Glauben dem Wohlbefinden anzupassen, sodass er zum Zuckerguss des Lebens wird. Diese Gefahr hat der heilige Pius X. erkannt, als er den Modernismus brandmarkte. Als Papst von 1903 bis 1914 ist er dabei deutlich über das Ziel hinausgeschossen und hat eine Reihe frommer Theologen unschuldig zensiert. Aber die Einsicht, dass eine Überbetonung der Empfindung und des religiösen Gefühls um sich griff, die langsam, aber sicher den Glauben untergrub, war meines Erachtens korrekt. Pius glaubte, dass dieses wenig konkrete religiöse Gefühl das Dogma ersetzen und die Heilige Schrift sowie das Lehramt der Kirche überflüssig machen würde. Ich habe zahlreiche solcher Kollegen an früherer Wirkungsstätte sowie auf Konferenzen und in Pfarreien aus nächster Nähe miterlebt. Diese Gefühlstheologie, als Modernismus bezeichnet, wurde von ihm harsch gebrandmarkt, hat sich aber trotzdem seit den 1960er-Jahren weithin etabliert.

Heute erscheint dieser Modernismus unter dem Begriff des »sensus fidelium«, des Glaubensgefühls aller Gläubigen oder unter dem Slogan »Wir sind Kirche« oder in der Forderung von Theologen, die »wirkliche Erfahrung der Gläubigen in den Kirchenbänken ernst zu nehmen«. Traditionelle Begriffe von Gott und Lehre werden aus dem Fenster geworfen, um die Kirche bestimmten Einzelerfahrungen und -wünschen anzupassen. Weil diese Theologen oft keine guten Gründe haben, verstecken sie ihre Gefühlstheologie, indem sie vorgeben, die »Erfahrung der Gläubigen« zu repräsentieren. Erfahrung kann aber nicht zur Anpassung führen, sondern vielmehr sollte man rückfragen, warum man bestimmte negative Erfahrungen mit der Kirche macht, ob man etwa seine eigenen Vorurteile jemals hinterfragt hat, ob man zu bequem ist, sein Leben in Sünde aufzugeben.

Ein beliebtes Spiel solcher Pop-Theologen ist es etwa, angeblich an den Rand gedrängte Christen zu interviewen und diese Einzelfälle dann als Aushängeschild kirchlicher Heuchelei vorzustellen. Ich habe selbst schlechte Erfahrungen mit einem amerikanischen Erzbischof gemacht, aber mir würde es nicht im Traum einfallen, deswegen die Kirche umstoßen zu wollen. Vielmehr erscheinen mir viele der Kirchenreformgruppen wie billige Kopien von Comte, die an das »soziale Gefühl« appellieren, aber es völlig aufgegeben haben, sich selbst nach dem Evangelium durch Christus umformen zu lassen, um Heilige zu werden. Ich habe jedenfalls bisher immer nur bittere, von sich selbst immens überzeugte Modernisten kennengelernt, die auf meine Frage, wie oft sie denn zur Beichte gehen, einfach nur mit Kopfschütteln geantwortet haben. Alles ohne Erbsünde empfangene Kirchenreformer, nehme ich an.

Genauso wirr ist die Forderung nach einer Kirche der Liebe ohne Kirchenrecht. Liest man die Evangelien durch, dann ist deutlich, dass Jesus mit Vollmacht predigt. Diese Vollmacht schließt Ordnung ein, nicht die gefühlsduselige Liebe eines Kitsch-Liedes. In Gott fallen Liebe und Gerechtigkeit und Barmherzigkeit zusammen. Wenn man daran erinnert, wird man natürlich gleich moralisch angegriffen mit Worten wie diesen: »Für Sie ist anscheinend die Barmherzigkeit nicht die wichtigste Eigenschaft Gottes. Sie haben anscheinend andere Werte als die des Evangeliums.« Da kann man sich das Argumentieren sparen und auch die Hinweise, dass sich Barmherzigkeit und Gerechtigkeit in Gott nicht ausschließen, ja zusammenfallen; das wäre alles unnütz. Denn der andere hat ja kein Gespräch im Sinn, er will sich nicht verändern und lernen, sich zu hinterfragen, sondern mich nur herabsetzen, sodass er sich moralisch vollkommen fühlt. Ich kann mir beim besten Willen nicht vorstellen, dass solche Menschen als vollkommen in den Himmel eingehen. Aber man spare sich besser die Energie für das eigene geistliche Leben auf. Traurig ist nur, dass die meisten theologischen Fakultäten zu solchen Mistbeeten des Emotivismus und des Scheinchristentums geworden sind.

Theologen und Philosophen haben diesen Emotivismus über Jahrzehnte an Studenten weitergegeben. Jetzt ist er in jeder Pfarrei verbreitet und die meisten Bischöfe sind ihm ebenfalls verfallen, man achte nur darauf, wie viele sich an die Gesellschaft anschmiegen, anstatt sie an das Evangelium zu erinnern. Man bläute uns ein, dass man sich in der Kirche »willkommen fühlen« müsse – als ob sie nicht immer für jeden Sünder offen war. Aber genau das ist das Problem – die Sünde wird verniedlicht und existiert eigentlich nicht mehr. Uns wurde vorgemacht, dass in der Kirche vor dem Zweiten Vatikanischen Konzil ein furchtbarer, rächender Gott gepredigt wurde, aber man konnte uns das nie beweisen. Sicherlich wurden Fehler begangen und etwa die Keuschheit in geradezu obsessiver Weise überbetont, aber als Historiker habe ich bisher keine Lehrbücher entdeckt, die einen solchen rächenden und brutalen Gott predigen. Sicherlich wurden Recht und Gerechtigkeit Gottes überbetont, aber doch nicht so, dass die Liebe nicht auch gepredigt wurde. Man denke etwa nur an Dietrich von Hildebrands berühmtes Werk *Die Umgestaltung in Christus* von 1940 oder August Adams *Der Primat der Liebe* von 1932! Anstatt Katechese im Geist von Hildebrand und Adam nach dem Konzil fortzusetzen, wurde der Glaube mit dem religiösen Gefühl ersetzt. Es kamen die Messen, die beim Zuhörer Gefühle hervorrufen sollten, aber überhaupt nichts mehr von der Zeitlosigkeit der Gottesverehrung an sich hatten. Wie viele von den zahllosen Jugendgottesdiensten mit betörender Musik haben jemanden wirklich im Glauben gefestigt oder Interesse am Christentum geweckt, über den Eventcharakter hinaus?

Glauben ist damit zu etwas geworden, das sich saisonal ändert. Die Nachfrage bestimmt das Angebot. Kirchgänger gehen nicht mehr, um den wahren Gott zu preisen, der sie dazu einlädt, durch seinen Sohn umgestaltet zu werden, sondern um sich gut zu fühlen. »Ich habe nichts aus der Messe mit nach Hause genommen«, höre ich oft als Klage. Durch Eventmessen will man diesem entgegentreten, mit immer neuen Ideen, wie eben im Einkaufszentrum mit dem Schlussverkauf. Anstatt zeitlos Wahres anzubieten, wird auf Vergängliches gesetzt. Natürlich sollte die Predigt gut sein, aber der Teilnehmer ist ja dazu aufgerufen, mit dem Priester zusammen das Opfer Jesu Christi darzubringen, sich einzubringen. Man sollte also zurückfragen: »Hast du dich denn in die Messe eingebracht?« Zu leicht erliegen wir der Konsummentalität auch im Glauben; jedes Mal, wenn ein Priester sich am Anfang bedankt, dass man zur Messe gekommen ist, möchte ich zurückrufen: »Ich bin ja nicht wegen Ihnen hier, sondern wegen meinem Herrn.« Die Eucharistie ist keine Konzertveranstaltung, in der man sich bedankt, dass die Kasse gefüllt wurde!

Das Einkaufen hilft uns, die Realität zu verdrängen. Wir lenken uns ab. Und so finden wir in der Supermarkt-Kirche einen Gott, der uns von den wichtigen Fragen des Lebens ablenkt. Wir fragen nicht mehr danach, ob wir ein Leben leben, das Gott will, weil der Gott, den wir uns ausgesucht haben, wie ein seniler Großvater alles abnickt, was wir vorbringen. Er ist wie der Weihnachtsmann, der unsere Wünsche anhört, uns gut zuredet, aber nie richtet. Dieses kindische Gottesbild hat nichts vom wilden Gott der Bibel und schon gar nichts vom Gott und Vater Jesu Christi. Bei einem derart lahmen Gott ist beten Zeitverschwendung – da geht man besser ins Fitness-Studio! Und dass Jesus zum Symbol für die Mitmenschlichkeit wird, aber nicht mehr der Erlöser ist, ist auch klar – denn von was soll er mich erlösen?

Moral und Religion gleichzusetzen hat eine tödliche Krankheit in den Glauben gebracht. Sie reduziert das Christsein auf eine Anzahl von Regeln und zerstört die Notwendigkeit, den wahren Gott kennenzulernen. Der jüdische Philosoph Martin Buber sagte einmal, alles Leben sei ein Begegnen. Leider sind wir zu oft zufrieden, einem unwirklichen Schattenbild des wahren Gottes zu begegnen, einem selbst gemachten Dämon. Wir sind damit zufrieden, das Christentum zu einem Moralsystem zu degradieren, und wissen nicht mehr, warum diese Verhaltensweisen existieren, um uns auf ein Treffen mit Gott von Angesicht zu Angesicht vorzubereiten, uns auf den Weg der Heiligkeit zu bringen. Die Kirchen haben leider oft versagt und mitgespielt, Gott zu einem Götzen herabzuwürdigen. Sie fürchteten, Einfluss und Mitglieder zu verlieren, und predigten, dass die Gesellschaft ohne Gottesglauben auseinanderfalle. Dadurch haben sie aber versagt, uns zu ermahnen, in Christus umgestaltet zu werden, wie wir in der Taufe versprochen haben.

Gott als Wohlfühlatmosphäre zu »verkaufen« ist ebenso ein schlimmer Fehler der Kirchen. Anstatt die Welt mit dem Evangelium zu verändern, passt man das Evangelium der Welt an. Anstatt andere in die Kirche einzuladen, wartet man, bis jemand zum »Dogmen-Schlussverkauf« kommt. Ein Glaube mit Inhalt, Wahrheitsanspruch und Überzeugungskraft wird durch Gefühlsduselei ersetzt. Katecheten und Theologen haben es dereinst zu verantworten, Millionen von Katholiken vom wahren Gott weggeführt zu haben, um ihrem selbst gemachten Idol der »Erfahrung der Gläubigen« zu folgen. Gotteserfahrung aber, so lehren uns die Heiligen, darf nie und nimmer auf das Gefühl reduziert werden, denn wo das Gefühl die Religion bestimmt, ist, wie zahllose Heilige es ausdrücken, das Einfallstor des Teufels.

6. DER GOTT DES SCHAUERS

Ich erinnere mich noch gut daran, wie mir mein Großvater, Jahrgang 1909, erzählte: »Das Alte Testament haben wir in der Schule nie gelesen. Uns wurde gesagt, wir sollten das nicht tun.« Das war umso erstaunlicher, da zwei seiner Onkel Geistliche waren. In dieser Generation waren viele davon überzeugt, dass der Gott des Alten Testaments sich völlig von dem des Neuen Testamentes unterscheidet. Viele glaubten, dass der Gott der Hebräischen Bibel ein Gott der Rache und Gewalt sei, während der Gott Jesu liebevoll und barmherzig sei. Nichts könnte weiter von der Wahrheit entfernt sein. Zuallererst unterscheiden sich die Gottesbilder gar nicht so grundsätzlich und selbst in den Beschreibungen, die uns konträr erscheinen, geht es darum, dass uns der Gott der einen Bibel offenbart wird. Und wir sollten auch nie vergessen, dass Jesus uns das Alte Testament als Offenbarung vorlegt, die wir anzunehmen haben.

Jenseits des Buchstabens

Um 1600 führten immer mehr naturwissenschaftliche Erfindungen und geologische Erkenntnisse zu Zweifeln an der buchstäblichen Wahrheit der Bibel. Als etwa die China-Missionare heimkehrten und ihre Forschungen über die chinesische Kultur, die älter war als die biblische Zeitrechnung erlaubte, der staunenden europäischen Öffentlichkeit präsentierten, war das ein ungemeiner Schock. Chinas Geschichte reichte hinter die angebliche Erschaffung der

Welt vor 4000 Jahren zurück. Wie konnte das möglich sein? Doch der Schock währte nicht lange, denn man gab einfach zu, dass man die biblische Chronologie offensichtlich nicht wörtlich, sondern allegorisch verstehen müsse. Genauso konnte man die Bibel auch nicht als naturwissenschaftliches Lehrbuch lesen und damit auch auf die Kritik an der Schöpfung in sechs Tagen antworten.

Das war aber nichts Neues. Denn schon im 3. Jahrhundert argumentierte Origenes, eines der größten theologischen Genies aller Zeiten, dass das Alte Testament Passagen enthielt, die der Naturwissenschaft und dem christlichen Glauben widersprachen. Wenn man alles nur nach dem Buchstabensinn las, dann musste der Gott des Alten Testamentes als rächend erscheinen, der sein Volk zum Völker-, ja sogar zum Kindsmord aufruft (vgl. Ps 137). Origenes dachte aber auch an die Schöpfungserzählungen der Bibel in Kapitel 1 und 2 der Genesis, die auch heute immer wieder von Religionskritikern buchstäblich ausgelegt werden, um Christen lächerlich zu machen. Stattdessen zeigte er auf, dass man sie gerade *nicht* buchstäblich lesen sollte: »Wer ist denn so dumm zu glauben, dass Gott nach Manier eines Bauern ein Paradies östlich von Eden angelegt hat, oder dass er darin einen sichtbaren und betastbaren Baum des Lebens gepflanzt habe, dass jeder der mit seinen Zähnen dessen Früchte zerbeißt, ewiges Leben erhalte?«[45]

Stattdessen erklärte Origenes wie auch die anderen Kirchenväter wie der heilige Augustinus, dass man im Fall eines Widerspruchs des biblischen Texts mit dem Glauben der Kirche oder wissenschaftlicher Erkenntnis diesen niemals wörtlich zu verstehen habe. Das Alte Testament war zwar göttlich inspiriert, aber ebenso die christlichen Dogmen, sodass man eben beide in Übereinstimmung zu lesen habe. Man nehme etwa Psalm 137,9 als Beispiel. Wortwörtlich heißt es da, dass die Israeliten die Babys ihrer Feinde töten sollten. »Gesegnet, wer deine [Israels Feinde] Kinder ergreift und sie zerschellt an dem Felsen!« Heißt Gott hier also Kindermord gut? Das würde doch offensichtlich der Lehre von einem guten Gott widersprechen. Daher lasen die Kirchenväter solche Passagen auch nicht wortwörtlich, sondern allegorisch und brachten sie in Übereinstimmung mit ihrem Glauben. Die Kinder waren keine unschuldigen Menschen, sondern ein Bild für das Böse, das die Menschen hervorbringen, nämlich unsere Sünden, und der Stein, an dem sie zerschmettert werden sollten, war der Stein, den die Bauleute verworfen hatten, nämlich Jesus Christus. Es ging also darum, die eigenen Sünden durch Christus zu zerstören!

Die Aufgabe des Schrifterklärers ist nun, herauszufinden, welche Passagen wortwörtlich zu nehmen sind und welche nicht. Darüber hinaus gibt es natürlich auch Redewendungen, die nie wörtlich zu verstehen sind – im Deutschen etwa »des Pudels Kern«. Der heilige Augustinus hat erklärt, dass wann immer eine Schriftstelle mit dem Glauben der Kirche, der Moral oder auch Geschichte und Naturwissenschaft in ausgewiesenem Widerspruch steht, dann muss sie allegorisch verstanden werden, das heißt als ein Bild, das etwas jenseits des Wortsinnes aussagen will.[46] Die Art und Weise, die Schrift allegorisch zu lesen, wurde aber seit der Reformation, die die wortwörtliche Lesart herausstellte, immer mehr verlernt, und vor allem dann in der Aufklärung des 18. Jahrhunderts als unvernünftig hingestellt.

Die Verflachung des Schriftsinnes

1670 begann Baruch de Spinoza, ein jüdischer Philosoph, seine bahnbrechende Theorie zu verbreiten, dass die Bibel nur ein Stück Literatur sei. Man müsse an sie wie an jeden anderen historischen Text herantreten und von vornherein ausschließen, dass sie von Gott inspiriert sei, dass sich die Wunder, die in ihr beschrieben worden waren, wirklich zugetragen hatten, und so fort. Dies war der Beginn der historisch-kritischen Methode, die zwar viele Einsichten in die Geschichte des Textes vermittelt, die Bibel aber eben auch, wenn man sich ihrer Voraussetzungen nicht bewusst ist, von der Heiligen Schrift zu einem alten Buch degradiert. Man braucht nach dieser Methode nur die Grammatik und die Geschichte zu kennen, um alle Geheimnisse des Textes herauszulesen. Kirche und Synagoge als Orte des gemeinsamen Verstehens und Lesens des Textes brauchte man nicht mehr. Für Spinoza waren die Schriftsteller der Bibel nicht von Gott geleitet, sondern einfach begabte Autoren mit großer Fantasie, die uns nichts sagen können, was wir nicht auch mit reiner Vernunft erkennen. Ein Gott, der sich offenbart, ist im *Tractatus theologico-politicus*, wie das Hauptwerk Spinozas heißt, ausgeschlossen. Dadurch wird der biblische Text aber auf einmal seiner dreidimensionalen Tiefe beraubt und auf das Wortwörtliche, mit der Grammatik und dem Vokabelheft Erkennbare, zurechtgestutzt – er wird eindimensional verflacht!

Die Bibel wurde zu einem Text, den man nur mehr wortwörtlich verstand, ohne allegorische Tiefe. Die Folge war, dass man seine Probleme mit dem Alten Testament bekam und viele Theologen ihre Zweifel an der göttlichen Inspiriertheit des Textes öffentlich kundtaten. Wie konnte man denn einen Text ernst nehmen, in dem sich ein Gott offenbart, der die Israeliten zum Völkermord aufruft (vgl. Dtn 7,1–2) oder der einen Unschuldigen wie Hiob bestrafte und auf die Probe stellte, oder der nur ein Volk auswählte, um seine Verheißung kundzutun? Durch die Ausmerzung allegorischer Rede wurde das Alte Testament für Christen zu einem Buch, dessen man sich schämte. Es wurde als primitive Vorstufe des Christentums beiseitegelegt. Es wurde nur noch herangezogen, um ein paar wichtige Geschichten zu erzählen, sonst aber verstaubte es im Bücherregal.

Wohlstand, aber kein Abenteuer

Es ist verständlich, dass die Aufklärungsdenker des 18. Jahrhunderts wie auch moderne Wissenschaftler den geheimnisvollen Gott des Altertums, der in mysteriösen Weisen sprach, die man allegorisch interpretieren musste, gerne für einen Gott eingetauscht haben, der so klar redete wie ein Schulbuch. Es ist ein Grundbedürfnis des Menschen, Gott zu verstehen, aber anstatt wie frühere Generationen die Geduld aufzubringen, sich diesem geheimnisvollen Gott in der Dunkelheit der Unwissenheit auszusetzen, bis man seine Rede verstanden hat, mit dem Wort Gottes »schwanger zu gehen«, wie einige alte Schriftsteller sagen, wollen wir gleich glasklar wissen, was Gott sagt.

Gott wurde aber dadurch, wie der anglikanische Theologe John Crowe Ransom 1931 so treffend aussagte, zur Verkörperung des Prinzips sozialer Güte und sozialen Wohlstands.[47] Dies ist eine wunderbar kurze Zusammenfassung von dem, was viele heute glauben, leider auch viele Bischöfe: Gott ist gut für die soziale Gerechtigkeit und den Wohlstand. Natürlich steckt darin etwas Wahres, aber die Wahrheit, dass die Gerechtigkeit erst aus dem Glauben an den erlösenden Gott entspringt, wird meist nicht erwähnt. Das Christentum wird seines Fundaments beraubt und zum sozialen Debattierklub. Ein Theologe, der solchen Ideen folgt, sagt dann in etwa, dass Christusnachfolge bedeutet, für andere da zu sein und sich um das Wohl der Gemeinschaft zu sorgen. Christentum wird dann aber zu nichts mehr als zu einem Werkzeug, um unser Gewissen zu einer menschlicheren Welt anzufeuern. Dafür brauche ich aber nicht Christ zu sein. Natürlich formt unser Glaube unser Gewissen, sodass wir andere Menschen in ihrer unverlierbaren Würde anerkennen, aber ist er denn nicht mehr? Wo ist denn die Gottesbeziehung, von der Jesus spricht? Wo ist die Rede von geistlicher Umformung und innerer Bekehrung? Wo ist die Rede vom Gebet als der Grundlage? Ist das Christentum nicht zu einer Art Humanitätsverein geworden?

Solche Theologen würden das natürlich verneinen. Sie weisen uns darauf hin, dass uns das Christentum moralisch macht. Gott will uns zu moralisch verantwortlichen Personen erziehen, und der

Glaube führt uns dahin. Die Schöpfung ist also nichts anderes als ein moralischer Spielplatz. Die Welt ist dazu da, moralisch zu werden, und Gott ist der Mechaniker, der das bewerkstelligt. Gott ist also ein Lehrer. So ein Gottesbild passt natürlich wunderbar mit der modernen Naturwissenschaft zusammen, denn ein Gott, der uns moralisch macht, ist natürlich nützlich.

Sehen wir aber nicht, wie blutleer und unausgegoren so ein Gottesbild ist? Ist so ein Gott denn mehr als eine »Wunschprojektion«? Müssen wir den wilden Gott der Offenbarung derart zähmen, dass er wie ein Sozialarbeiter erscheinen muss? Der Gott der antiken Griechen blieb unvorhersehbar und mysteriös, aber auch der Gott der Bibel. Der Gott dieses modernen Christentums aber ist völlig vorhersagbar, wie der Ausgang eines bekannten Chemieexperimentes. Sein Wille zielt immer irgendwie auf Sozialpolitik ab und ist mit wissenschaftlicher Erkenntnis, dank Soziologie und Psychologie, erkennbar.

In diesem neuen Weltbild ist Gott einzig und allein mit der Menschheit beschäftigt. Wie aber ein Wissenschaftler nicht in sein Experiment eingreift, so greift auch Gott nicht in diese Welt ein. Er gibt uns nur irgendwelche Motivationen, um für eine sozialere Welt zu werben, sonst nichts. So ein Gott ist genauso präsent wie der Vorstandsvorsitzende einer großen Firma und genauso nahbar. In der Philosophie wird eine solche Sicht Deismus genannt. Eine deistische Theologie ist viel einfacher mit dem Neuen Testament zu vereinbaren als mit dem Alten. Leicht kann man Jesu Heilungsgeschichten als therapeutische Lehrstunden beschreiben und auch Teufelsaustreibungen und Wunder hinwegerklären. Mit dem Alten Testament geht das nicht so leicht. Wenn es wortwörtlich genommen wird, ist dieser Gott des Alten Testaments so unvorhersehbar und ein Stachel im Fleisch des blutleeren Christentums, dass man verstehen kann, dass die oben erwähnten Theologen es nur noch auf ein paar moralische Lehrstücke abklopfen, den Rest aber links liegen lassen. Ein Gott, der seinen Willen ändert, der einen Bund mit Noah, Abraham und Moses eingeht, den muss man »kontextualisieren«, wie es dann heißt; auf gut Deutsch: Die Geschichte wird ihrer Spannung entkleidet und verflacht, bis nichts Übernatürliches mehr vorhanden ist.

Moses selbst ist für viele beschämend. Ein Mann, der einen ägyptischen Wärter im Zorn erschlagen hat, weil er die Israeliten missbrauchte, kann doch nicht der größte Prophet sein. Daher versucht man ihn als historische Person wegzuerklären – er sei nur ein Mythos, wird uns gesagt. Und waren die 10 Gebote nicht einfach nur menschliche Gesetze, welche schon außerhalb der israelitischen Umwelt anerkannt waren und daher nur importiert wurden? Als ob das ein Widerspruch zur Offenbarung der Gebote wäre! War es denn unvernünftig von den Israeliten, auf ihrem Exodus täglich auf das Brot vom Himmel zu warten, das Manna? Ja natürlich, aber die Zweifel und das Bangen der Israeliten, ob sie auch jeden Tag etwas zu essen finden, sind ebenso im Text belegt!

Hinter dieser Beschämung über Moses, die vielen sicherlich unbewusst ist, stehen zwei philosophische Ideen des 19. Jahrhunderts. Die eine wurde berühmt durch Friedrich Nietzsche, der bekanntlich lehrte, dass das Alte Testament den Starken versklave und dazu verdamme, in Mittelmäßigkeit dahinzuvegetieren. Die Starken der Gesellschaft würden durch die israelitische »Sklavenmoral« herabgewürdigt und ihrer Kräfte durch die Schwachen der Gesellschaft beraubt. Die 10 Gebote sind die Verkörperung dieser Sklavenmoral. Obwohl die meisten Christen Nietzsche ablehnten, blieb viel von seiner Lehre, oft unbewusst, wirksam, vor allem die, dass die Welt ohne den Ballast des Alten Testamentes besser dran wäre. Die zweite Idee ist die des Antisemitismus. Man kann sicherlich keine Geschichte der modernen Theologie schreiben, ohne sich dieses Sündenfalls bewusst zu sein. Gerade in Deutschland war die Bewegung der sogenannten Deutschen Christen in der Nazizeit stark, die betonte, man müsse Christ sein ohne das Alte Testament.[48] Für sie diente das Neue Testament dazu, sie zu einer höheren Rasse zu formen. Dies ist nicht so weit vom zeitgenössischen Verständnis entfernt, dass Gott uns Wohlstand verleiht und eine bessere Welt hervorbringt. Beide Male wird Gott nämlich Mittel zum Zweck – er wird missbraucht!

Das Mysterium wiederfinden

Wie kehren wir aber um zum wahren Gott? In dem Moment, in dem wir realisieren, wie unendlich gelangweilt wir vom vorhersagbaren, unbiblischen Gott der Gutmenschen sind, haben wir schon einen Schritt zur Besserung getan. Machen Sie einen einfachen Versuch: Fragen Sie Kinder oder Teenager, ob sie Gott aufregend finden. Vielleicht haben sie niemals darüber nachgedacht, sodass Sie dann einfach fragen können, wer dieser Gott für sie denn ist – und beachten Sie dabei die Gesichtsausdrücke. Können Sie darin etwas von Leidenschaft und Feuer sehen oder eher die gelangweilte Grimasse, die aussagt: »Ich gehe zur Kirche, weil mich meine Eltern dorthin bringen.« Meine Erfahrung mit Studenten und Kindern legt mir nahe, dass die meisten glauben, der Gott der Bibel sei todlangweilig. Ein Grund dafür ist, dass die ewig gleichen moralischen Lehrbeispiele aus der Bibel irgendwann abgedroschen klingen und auch sind. Ein anderer Grund ist sicher der, dass viele Eltern und Lehrer selber keine Leidenschaft für Gott haben oder Religionsunterricht als Beruf ansehen. Ich weiß selbst von zahllosen Lehrern und Lehrerinnen, die das ganze Jahr die Messe nicht besuchen, ihre Bettpartner ständig wechseln, aber am Gymnasium Religionsunterricht geben. Religion ist dann ein Beruf. Wir Christen können und müssen wieder anfangen zu überzeugen, und das geht nur, wenn man den eigenen Glauben kennt. Wir müssen aber auch aufhören, den Glauben wie Mathematik zu lehren und ihn so jedes Geheimnisses zu berauben. Wie können wir dieses Geheimnisvolle aber wiederentdecken, das Geheimnis des Heiligen?

Der protestantische Religionsphilosoph Rudolf Otto hat 1917 ein richtungsweisendes Buch geschrieben. Es heißt schlicht *Das Heilige*.[49] Es enthält eine Reihe von problematischen Aussagen, auf die ich nicht näher eingehen kann, aber es bringt eines wunderbar zur Sprache, dass wir nicht nur Gottes vernünftige Seite der nächsten Generation mitteilen müssen, sondern auch seine »irrationale Seite«. Mit irrational meint Otto nichts, was der Logik widerspricht, sondern vielmehr eine Sphäre, die außerhalb der menschlichen Sprache liegt; wir sollen Gott nicht vollends in ein Netz einweben, in dem er zur blutleeren Wirklichkeit wird. Das Heilige, wie Otto es nennt, findet sich in allen Weltreligionen, und es ist nicht einfach gut oder moralisch, sondern es hat eine eigene Qualität. Sie zieht uns zu einer Begegnung mit einer anderen Wirklichkeit hin, die uns unendlich überlegen ist.

Wir treten an dieses Mysterium aber mit Furcht und Zittern heran. Wir sind von einem Schauer überwältigt, den das Alte Testament »emat«, die Gottesfurcht, nennt (vgl. Ex 23,27). Es ist aber nicht die Furcht vor einem strafenden Gericht, die hier gemeint ist, sondern der Schauer, der einem den Mund offen stehen lässt. Im Englischen heißt das schlicht »awe«, während wir uns im Deutschen mit dem Wort »Ehrfurcht« begnügen müssen. Diesen Unterschied müssen wir uns aber klar machen: Wenn wir etwa einen Horrorfilm ansehen, überkommt uns ein Gefühl von innerer Spannung, Erwartung und Furcht, vielleicht zieht sogar eine Gänsehaut auf. Mit Gott, so Otto, ist es ähnlich, aber die Begegnung mit dem Heiligen lähmt uns nicht in Angst, sondern macht uns klar, wie klein und nichtig wir vor der Majestät Gottes eigentlich sind. Wir sinken vor Ehrfurcht in den Staub. Ein netter Gott, der nur ein Morallehrer ist, schafft genau das nicht. Er bringt vielleicht ein Gefühl des Gefallens hervor, aber er bewegt nicht unsere Herzmitte und erzeugt nicht das Gefühl eigener Kleinheit, weil man in der Gegenwart des Ewigen steht. Deshalb hat die Ehrfurcht auch keinen Platz in der Fühl-dich-gut-Theologie unserer Tage; deshalb sieht man ihre Vertreter auch nie auf den Knien, sondern immer nur am Mikrofon oder in einer Talkshow.

Wenn wir mit Otto die Hebräische Bibel lesen, dann beginnen sich uns ganz neue Dimensionen zu öffnen. Wir beginnen zu verstehen, dass die biblischen Geschichten Versuche sind, die Erfahrung mit einem ehrfurchtgebietenden Gott durch den Beistand des Heiligen Geistes schriftlich einzufangen, obwohl diese Erfahrung alle Worte übersteigt. Wenn wir diesen Schlüssel verwenden, dann erscheinen die angeblich widersprüchlichen, gewalttätigen Aussagen der Bibel auf einmal in einem neuen Licht.

Das Geheimnis Gottes, das uns erzittern lässt, die Rache Gottes, ist vielleicht ein treffendes Beispiel. Wie kann etwa ein moderner Leser Texte verstehen, in denen der Gott der Israeliten wie ein Mensch dargestellt wird: höchst emotional, seine Meinung ändernd, Menschen harsch bestrafend, wie etwa durch die Sintflut, oder aber durch die Tötung der Erstgeborenen in Ägypten? Die antiken Leser dieser Texte hatten kein Problem, diese Zeilen in Harmonie mit der Güte und Schönheit Gottes zu lesen. Sie waren an diesen Fragen der Vereinbarkeit gar nicht interessiert. Für sie zählte vor allem die Erfahrung des Heiligen im Zentrum der Geschichte. Da war etwas geschehen, eine Präsenz hatte sich gezeigt, die jenseits menschlicher Vernunft war und Rettung gebracht hatte. Dass dieses »Irrationale« mit den Bildern beschrieben wird, die wir aus unserer eigenen Umwelt kennen, nämlich dem unberechenbaren Verhalten unserer Mitmenschen, sollte uns nicht verwundern. Der Gott, der so beschrieben wurde, war aber gerade nicht menschlich, sondern so jenseits menschlicher Sprache, dass er in so widersprüchlicher Weise dargestellt wurde. Wie anders, so Otto, hätte man die Erfahrung des Heiligen, das uns erzittern lässt, darstellen sollen?

Ein anderer Aspekt des widervernünftigen Heiligen ist seine Energie und Lebendigkeit. Diese Lebendigkeit zeigt sich in Leidenschaften wie Gottes Willen, Gottes Eifersucht usf., die natürlich philosophischen Einsichten widersprechen. Es geht also nicht darum, Gott zu vermenschlichen, sondern, wie Otto herausarbeitet, vielmehr das Leben des Heiligen darzustellen. Wie anders aber könnte man dieses Leben beschreiben, wenn nicht mit den wenigen Parallelen aus der Sicht des Menschen?

Das Heilige ist schlussendlich das Mysterium der gänzlichen Andersartigkeit. Wenn wir Gott begegnen, erzittern wir vor dieser Andersartigkeit. Er, der keinen Anfang und kein Ende hat, keine Ursache, weder in Zeit noch Raum existiert, begegnet uns menschlichen, sterblichen Wesen! Sein Wesen ist jenseits unserer Ausdrucksfähigkeit. Es zieht uns an, weil wir uns von ihm verzaubert und geborgen wissen. Diese Erfahrung treffen wir bei allen Mystikern an, die das Verlangen ausdrücken, mit Gott eins zu werden. Wenn diese dann ihre Erfahrungen niederschreiben, tun sie das mit sicherer Kenntnis ihrer eigenen Nichtigkeit: eben weil sie das *Fascinosum*, wie Otto es nennt, gespürt haben, den ganz Anderen, der uns umfängt und liebt.

Zittern und Geborgenheit

Diese Wahrheit haben viele vergessen. Wer dem Heiligen nicht begegnet ist, das uns erzittern lässt, uns aber im gleichen Atemzug in Liebe anzieht und umfängt, der wird wohl nie seine eigene Nichtigkeit einsehen und das menschliche Leben als Geschenk der Gnade annehmen. Sünde wird dann aber zu einem Wort ohne Bedeutung, weil es ohne Liebe, die Gott selber ist, auch keine Sünde gibt. Ich muss die göttliche Liebe in einem gewissen Ausmaß erkennen und erfahren, um zu begreifen, wie viel Unordnung und Böses ich in diese Welt bringe. Martin Luther brachte das auf den Punkt, als er sagte: »Sündige, aber glaube noch viel stärker!« Er meinte damit nicht, dass man als ernsthafter Christ sündigen sollte, sondern dass je mehr eine Person Gott liebt, desto mehr sieht sie ihre eigenen Sünden und ihr Ausmaß ein. Die meisten Kirchen haben sich heutzutage bereits dem Sentimentalismus verschrieben. In diesem ist Gott der Morallehrer, der uns nicht anzieht, keinen Schauer über den Rücken jagt, uns nicht innerlich anrührt. Er sitzt wie Konfuzius auf dem Altar und lehrt uns zu leben, allerdings eher wie ein alter Großvater. In dieser Perversion des Gottesmysteriums sehen wir natürlich keine eigenen Sünden mehr und auch nicht die umkrempelnde Kraft der Gnade. Gott, so wird uns vorgegaukelt, liebt uns, »wie wir sind«, wobei geflissentlich weggelassen wird: »wie wir ohne die Sünde sind«.

Zuallererst sind Theologen für diese Misere verantwortlich. Zu viele haben geschwiegen, wie Gebet und Ehrfurcht uns verändern, und zu viele haben wohl schon ihren eigenen Glauben aufgegeben und praktizieren Religion nur mehr als Beruf. Dadurch wurden Generationen von Gläubigen der Tiefendimension ihres Glaubens beraubt. Diese Dimension, Gott auch als Geheimnis der Welt zu sehen, das uns in Ehrfurcht und Liebe erzittern lässt, müssen wir zurückgewinnen, wenn wir nicht in einem langweiligen Sentimentalismus zugrunde gehen wollen. Wir können diese Seite Gottes nie vollständig ergründen, aber wir können versuchen zu beschreiben, welche Wirkungen diese Erfahrung mit Gott auf uns hat, um ihn besser zu verstehen. Der unbegreifbare Gott ist besonders präsent in den Werken Martin Luthers und der Pietisten, aber auch bei katholischen Mystikern wie dem heiligen Johannes vom Kreuz oder dem heiligen Franz von Sales. Wenn wir nicht das Gefühl ernst nehmen, das aus unserer Seele dringt, und nach dem Heiligen sucht, und wenn wir es auf Gutmenschentum beschränken, dann wird Gott ein lebloses Objekt und wird auch keinen Einfluss auf unser Leben haben.

Vielleicht die dramatischste Wirkung unseres verflachten Gottesverständnisses ist die Umdeutung der Sünde. Sünde wurde zu einer Kategorie von falschen Handlungen, die man irgendwie erklären kann. Damit verliert Sünde aber ihre Beziehung zur spirituellen Gesundheit. Wenn ich eine Sünde begehe, finde ich danach in meinem Gewissen Gründe vor, die mich irgendwie entschuldigen; ich erfinde Entschuldigungen. Die schlechte Handlung wird dann aber nur mehr als Fleck auf einer ansonsten weißen Weste gesehen, als etwas, was man schnell wegbürsten könnte. Man kann schließlich auch eine Weste mit einem kleinen Fleck tragen – alles halb so schlimm. Dieses Weichspülen der Sünde ist überall verbreitet. Die christliche Tradition hat solche Bilder nie verwendet. Für sie war die Sünde immer etwas Katastrophales, etwas Destruktives. Wenn ich Zweitklässler im Erstkommunionunterricht habe, zeige ich ihnen ein Stück Papier. Auf der einen Seite steht mein Name, auf der anderen Gott. »Das passiert, wenn ich sündige«, und ich zerreiße das Papier in zwei Teile. Mein Name und Gott sind nun auf zwei separierten Teilen. Sünde zerreißt die Gemeinschaft mit Gott und nichts kann von unserer Seite aus diesen Riss kitten, außer die Vergebung Gottes. Nur im Sakrament der Vergebung, in der Beichte, können beide wieder zueinanderkommen. Wir haben vergessen, dass die Sünde die Freundschaft mit Gott zerstört, den Bund mit ihm aufkündigt. Die Sünde ist nicht nur ein Fleck, sondern eine Krankheit, die sich in unsere Seele gefressen hat; das zu verkennen heißt schlussendlich auch, sich von der Erfahrung Gottes auszuschließen.

Wir gewinnen Gott zurück, wenn wir nur ihm zutrauen, unsere Fehler und Schwächen zu heilen, und wenn wir ohne Entschuldigungen, ohne Masken vor ihn treten. Dann erst lernen wir den wahren Gott kennen, der unser Arzt ist. Er ist nicht dazu da, uns ein wohliges Gefühl zu geben, sondern uns von unseren Wunden zu heilen, uns von unseren Sünden und Ängsten zu reinigen. Von einem Arzt verspricht man sich Heilung – die muss man aber wollen und dafür auch dem behandelnden Arzt seine Symptome beschreiben! Manchmal wird er schwere Operationen vorschlagen, die Schmerz beinhalten, die aber immer nur eines im Sinn haben: das ewige Leben des Patienten. Das ist kein Wohlfühl-Gott, sondern der Erlöser! Seine Behandlungsmethoden bleiben unvorhersehbar, nicht weil er seine Meinung ändert, sondern weil wir, wie der heilige Thomas von Aquin es sagt, seine Pläne nicht verstehen, weil unser Geist wie eine Eule ist, die in die Mittagssonne starrt und nichts in dieser Helle erkennt.[50]

In den letzten Jahrzehnten geschah vieles, um Christen und insbesondere Katholiken den Gott des Alten Testaments, den Gott und Vater Jesu Christi, näher zu bringen. Zahlreiche Bibelkommentare, welche den Schätzen der Kirchenväter und der Allegorie nützen, wurden publiziert, vor allem im Englischen, und zahlreiche Ressourcen kamen auf den Markt, welche die Vereinbarkeit von Vernunft und Glaube in der Bibelauslegung darlegen.[51] Dennoch bleibt es eine dauernde Herausforderung, das Heilige nicht zu zähmen, das uns erschauern lässt und doch anzieht.

7. DER GOTT DER HINGABE

Wenn man seine Umgebung aufmerksam beobachtet, dann wird man feststellen, dass Menschen intuitiv den Unterschied zwischen »mögen« und »lieben« kennen. Ich mag einzelne Kollegen, aber ich liebe meine Familie. Tief in unserem Herzen scheinen wir also zu wissen, was Liebe ist, auch wenn wir uns manchmal oder, genauer gesagt, oft schwertun, es auszudrücken. Machen wir ein Gedankenexperiment: Wenn wir eine Mutter zu ihrem Kind »Ich mag dich« sagen hören, während das Kind »Ich liebe dich« ausspricht, wären wir dann nicht deutlich schockiert? Sollte eine Mutter ihr Kind nicht nur mögen, sondern auch lieben? Wenn wir aber aufgefordert werden, Liebe genauer zu definieren, dann kommen wir ins Stottern. Allerdings ist es wichtig, darüber nachzudenken, weil unser Begriff von Liebe ja auch unser Verständnis von Gott mitprägt.

Inflationäre Liebe

Sigmund Freud, der Vater der Psychoanalyse, bemerkte einmal, dass unsere Zeiten – er starb 1939 – fahrlässig mit dem Wort Liebe umgingen. Ich denke, er hat immer noch recht. Wir benutzen »Liebe« für alle möglichen Gefühlsausdrücke, ohne dabei zu bedenken, was wir eigentlich ausdrücken wollen. So wird Liebe aber inflationär gebraucht und damit schlussendlich entwertet. Wenn alles Liebe ist, dann ist nichts mehr Liebe.[52]

Liebe enthält eine affektive Seite. Sie ereignet sich in uns, fällt uns zu. Wir verlieben uns in ein Kunstwerk oder eine Landschaft, oder aber eine Person, weil wir sie »bezaubernd« finden. Diese Affektion und Leidenschaft beschreibt den sinnlichen Aspekt der Liebe. Aber Liebe enthält auch den Begriff des Wählens. Ich wähle diese und nicht jene Person aus und schenke ihr meine Liebe. Im Lateinischen ist das offensichtlicher, denn das Verb für lieben, *diligere*, ist auch das Verb für wählen.

Liebe ist daher auch ein Akt des Willens und vor allem einer der Hingabe an den anderen. Dies bedeutet, dass lieben in unserem Geist geschieht, unter Beteiligung unseres Willens, und eine personale Qualität hat. Daher kann es auch, wie der Psychoanalytiker Erich Fromm schrieb, eine *Kunst des Liebens*[53] geben: Nur wenn ich mir die Liebe zum höchsten Ziel setze, ihr mit Ausdauer und Geduld folge, kann ich ein Meister des Liebens werden. Liebe ist kein Gefühl!

Der Unterschied zwischen nett sein und lieben

Gehen wir aber an den Anfang unserer Überlegungen zurück. Wir mögen weitaus mehr Menschen, als wir lieben, und das ist auch gut und normal. Warum aber? Liebe bedeutet die persönliche Hingabe an den Kern einer anderen Person, und wir können das nicht mit zu vielen Menschen auf einem ernsthaften Niveau tun.

Untergräbt diese Feststellung aber nicht die Möglichkeit Jesu Auftrag, einander zu lieben? Ja und nein. Wenn wir Liebe nur als etwas verstehen, das uns zufällt, wie das Sich-Verlieben, dann wäre Jesu Gebot völlig illusorisch – und Gott verlangt von uns nichts Unmögliches. Aber wie ich zu erklären versucht habe, ist die Liebe auch – sogar vor allem – eine Tat des Willens, und als solche kann Gott sie auch verlangen. Für unsere Beziehungen mit anderen Menschen scheint das zu bedeuten, die anderen als Abbilder Gottes zu sehen, da wir gerufen sind, genauso wie Gott Liebende zu sein. Das widerspricht nicht dem, was wir oben gesagt haben, dass wir nur wenige Menschen voll und aufrichtig lieben, denn auch die Liebe kennt Grade der Hingabe.

Aber wenn Jesus uns dazu aufruft, unsere Feinde zu lieben, fordert er uns dann nicht dazu auf, nett zu denen zu sein, die uns Böses wollen? Das Gebot der Feindesliebe geht in der Tat über das hinaus, was man normalerweise vom Mitmenschen erwartet. Historiker der Antike haben gezeigt, dass Jesu Gebot (vgl. Mt 5) das genaue Gegenteil der gesellschaftlichen Erwartungen seiner Zeit befiehlt. In der griechischen und römischen Kultur war es ein moralisches Prinzip, dass man Freunden und Nachbarn hilft, aber auch, dass man seinen Feinden schaden solle.[54] Aber was bedeutet es denn dann? Sicherlich nicht, dass man einfach nur »nett« und »lieb« zu den Menschen ist, die man trifft, um so irgendwie alle Menschen als Schwestern und Brüder zu vereinigen. Dieses humanistische Ideal schallt uns aus dem Schlusschor von Beethovens Neunter Symphonie entgegen. Jesus hatte das sicherlich nicht im Sinn. Wie so viele andere Ideale bleibt das »Alle Menschen werden Brüder« nämlich viel zu abstrakt und kann daher unsere Handlungen nicht wirklich lenken. Liebe zur Menschheit bring in uns kein tugendhaftes Verhalten hervor und schon gar kein Heldentum (Heroismus). Die Bibel gibt uns aber auch kein einziges Mal das Gebot, die Menschheit zu lieben, sondern vielmehr unsere Nachbarn und unsere Feinde. Das ist wichtig. Feind und Nachbar sind nämlich Menschen, denen wir begegnen, Menschen in unserem Leben. Die christliche Liebe ist nicht abstrakt, sondern richtet sich immer auf ein »Du« aus und unterscheidet sich so vom humanistischen Nettsein der Gutbürger. Christen sind dazu aufgerufen, andere zur Freude im auferstandenen Herrn einzuladen, in der es möglich wird, auch dem ärgsten Feind zu vergeben.[55]

107

Er hat mich befreit, weil er mich liebt

Der Kern der Liebe ist es, jemanden gut zu nennen. Wenn wir etwa unserem Ehepartner sagen »Ich liebe dich«, dann meinen wir eine ganze Reihe von Dingen, aber auf dem grundlegendsten Niveau meinen wir damit: »Es ist gut, dass es dich gibt und dass du mit mir bist.« Der Unterschied zu anderen Dingen, die wir wollen oder begehren, ist der, dass wenn wir lieben, wir nicht denken, sondern den Liebenden anschauen, ja betrachten.

Die lateinische Übersetzung von Psalm 18,20 lautet: *salvum me fecit, quoniam voluit me* (Der Herr hat mich befreit, weil er mich gewollt hat). Gott rettet uns, weil er uns will. Aber was bedeutet das? Die neueren Übersetzungen der Hebräischen Bibel geben dies mit »er befreite mich, denn er hatte an mir Gefallen« wieder (Deutsche Einheitsübersetzung 2016). Dieses Gefallen finden oder »Lust haben« (Luther-Übersetzung) ist von eminenter Bedeutung für jedes Neugeborene: Hat es die Liebe der Eltern nicht, die es anschauen, halten und berühren, kann es nicht überleben. Seine Existenz muss von der Liebe der Eltern bejaht werden. Das liebende Anschauen durch einen anderen beginnt also bereits in unseren ersten Lebenstagen, spielt für unser Leben, aber auch für unsere Beziehung zu Gott, eine wichtige Rolle.[56] Vom ersten Moment unserer Existenz schaut er uns liebend an und bejaht uns, noch bevor wir uns selbst bejahen können. Noch bevor wir sind, spricht er sein ewiges »Es ist gut, dass es dich gibt« in unsere Seele hinein!

Aber es gibt noch einen anderen Aspekt, den wir berücksichtigen müssen. Liebe lehnt den Tod radikal ab. Sie ist sein Todfeind. Sie ist, wie der französische Philosoph Gabriel Marcel ausführt, die einzige Macht in der Welt, welche den Tod in Bedrängnis bringt, weil sie ihn verneint. Der Liebende sagt nämlich zum Geliebten: »Du wirst nicht sterben.«[57] Auf den ersten Blick klingt das unvernünftig, und Nietzsche sagte ja einmal treffend, dass immer ein Quäntchen Verrücktheit in der Liebe enthalten ist. Der Gott des

Alten Testamentes scheint aber gerade der Gipfelpunkt der Verrücktheit zu sein, wenn er am Beginn der Schöpfung die Welt überblickt und erklärt, dass alles »sehr gut war« (Gen 1,31). Indem er die Schöpfung gut nennt, erklärt er seine Liebe zu ihr und seinen Willen, sie im Sein zu erhalten. Es ist die erste, universale Liebeserklärung Gottes. Ist wahre menschliche Liebe vielleicht ein Schattenbild dieser göttlichen Liebe? Nach Josef Pieper ist unser liebendes Anschauen des geliebten Menschen ein Akt der Nachahmung Gottes, nämlich des Momentes, in dem er seine Schöpfung und alles in ihr in Liebe anschaut. Diese tiefsinnige Beobachtung ist erstaunlich: Der unendliche Gott, der immer für Überraschungen gut ist, hat in die Schöpfung etwas hineingewebt, das uns mit ihm verbindet im Akt der Liebe. Wann immer wir ehrlich lieben, bringen wir dieses Geheimnis der Schöpfung in uns an die Oberfläche und haben Teil an Gottes Liebe zur Welt.

Die Kunst, Gott zu lieben

Wenn wir Menschen nett finden, dann lieben wir sie nicht. Wir mögen sie, weil sie uns ein angenehmes Gefühl geben. Dieses Angenehm-Sein ist meist relativ schwach und verfliegt auch schnell, und daher verbinden wir es auch nicht mit dem Begriff Liebe. Wir wissen instinktiv, dass der Wert einer Beziehung zu einer solchen Person relativ gering ist. Oft genug sehen wir aber auch Gott als jemanden, der uns angenehme Gefühle bringen soll, und dann degradieren wir ihn auf das Niveau einer Bekanntschaft vom Schulparkplatz oder aus der Nachbarschaft, die nett sind, uns vielleicht einmal zu einer Grillparty einladen, mit denen wir aber sonst nichts zu tun haben.

Christen erwarten von Gott ewige Freude und Leben – das ist der Gipfel des Angenehm-Seins. Aber wenn wir Gott nicht lieben, dann macht sich doch eine Kluft auf wie zwischen einem Kindergartenkind, das seine Mutter nur »mag«, aber nicht liebt. Wir müssen uns daran erinnern, dass wir dazu ausersehen sind, Tempel des Heiligen Geistes zu sein, die Gott in jedem Moment unseres Lebens voll Liebe anschaut. Stattdessen aber erwarten wir oft, mit Gott nur in loser Verbindung zu sein; man »ruft« ihn nur noch sonntags an, wie die Eltern, die weit entfernt leben. Damit wird aber die Verbindung zwischen Liebendem und Geliebtem gebrochen und wir werden zu langweiligen Christen, die Gott vielleicht »mögen«, aber nicht wirklich wollen, dass er unseren Leib in einen Tempel des Heiligen Geistes umformt. Wir wollen alleinegelassen werden und wollen nur das Stück von Gott, das wir auch gebrauchen können, nämlich den Himmel. Das reißt aber die Wurzel aller Liebe aus und macht das Lieben unmöglich![58]

Erinnern wir uns an Erich Fromms *Die Kunst des Liebens*, dann müssen wir eingestehen, dass wir seine Erkenntnisse auch auf das christliche Leben anwenden können: Wenn wir Gott nicht zum höchsten Ziel unseres Lebens machen, weil wir uns in unserem selbst gemachten Lebensstil zu bequem fühlen, dann machen wir das Gott-Lieben unmöglich; wir untergraben es, bevor es richtig begonnen hat. Was wir nicht zur Priorität erklären, fällt unter den Tisch.

Es ist eine alte Erkenntnis, die Soziologen bestätigt haben: Menschen schätzen Dinge höher, wenn sie mehr kosten. »Nette« Prediger haben uns über Jahrzehnte erzählt, dass es einfach ist, Christ zu sein und Gott zu lieben. Sie haben alle wohl nie die Schriften der Heiligen gelesen, von ihren inneren Kämpfen gehört, von ihrem inneren Schmerz, aber auch ihrer Freude. Sicherlich stimmt es, dass es einfach ist, Christ zu sein, in dem Sinne, dass Christsein keine tiefgründige Kenntnis der Theologie erfordert. Aber die meisten Menschen haben es so verstanden, dass wir alle sowieso gut und nett sind, und dass Gott zu lieben so ähnlich ist, wie den Nachbarn freundlich zu grüßen, etwas Oberflächliches, im Grunde Stinklangweiliges. Es kostet nicht viel Aufwand und ist daher auch nichts wert. Warum sollte man also beten oder in die Kirche gehen, oder gar freitags fasten oder seinen Leidenschaften Grenzen setzen?

»Wer in meiner Liebe bleibt, ist nicht mehr bloßer Mensch«

Um zu lieben muss man wissen, was Liebe ist, oder zumindest ungefähr wissen, was sie bedeutet. Aristoteles, der große griechische Philosoph des Altertums, gibt uns eine berühmte Definition in seiner *Rhetorik*: »Es sei also das Lieben: für jemanden das zu wollen, was man für gut hält, um dieses Menschen selbst willen und nicht um unsertwillen.«[59] So erinnert er uns daran, dass oft das, was wir Liebe gegenüber unseren Nächsten nennen, eigentlich nur egoistische Effekthascherei ist: Wenn wir jemandem Gutes wünschen, weil wir fürchten, dass er uns andernfalls zur Last fallen könnte, dann geht der Wunsch eigentlich auf unser Gut und nicht auf das der anderen Person. Dennoch dürfen wir fragen, ob Aristoteles die Liebe nicht arg auf das Wohl-Wünschen verengt.

Philosophen wie Max Scheler und Dietrich von Hildebrand dachten Letzteres und befürchteten, dass Aristoteles die personale Seite der Liebe völlig außer Acht gelassen hat. Durch die Rede von Gütern und Wünschen verlieren wir die Sicht auf das »Du« in unserer Liebe, weil wir uns auf ein »Sie« oder »Er« konzentrieren. Daher meine ich, dass Piepers noch grundlegendere Definition von Liebe als Ja sagen zur Existenz des anderen, zu sagen »Es ist gut, dass es dich gibt«, kraftvoller als die des Aristoteles ist, vor allem im christlichen Kontext. Wenn wir bekräftigen, dass es gut ist, dass jemand existiert, selbst unser größter Feind, dann bekräftigen wir damit auch, dass Gott einen Plan für diese uns übelwollende Person hat. Wir realisieren, dass wir fähig sind, unsere Aggression und vielleicht sogar unseren Hass in einen Wunsch nach Gottes Segen für diesen Menschen umzuändern. In der Liebe zu wachsen verändert den Menschen. Martin Luther erkannte das, als er sagte: »Wer jnn der liebe bleibet, der bleibet jnn Gott und … ist nicht mehr ein lauter Mensch sondern ein Gott … denn Gott ist selbst jnn jm und thut solch ding, was kein mensch noch creatur thun kann …«[60] oder, in heutigem Deutsch: »Wer in der Liebe bleibt, der bleibt in Gott und ist nicht mehr bloßer Mensch, sondern göttlich. Denn Gott ist selbst in ihm und tut Dinge, die kein Mensch und kein Geschöpf aus sich selbst heraus tun kann.«

Wen wir Ja zum anderen sagen und bekräftigen, dass es gut ist, dass er/sie existiert, dann antworten wir auf den Wert, den diese Person darstellt, und haben so teil am Geschenk der Liebe. Nur wenn zwei Liebende dieses bedingungslose »Ja« zueinander sprechen, erschaffen sie eine Einheit, welche menschliche Wirklichkeit übersteigt und sie am Geheimnis göttlicher Liebe teilhaben lässt. Das Resultat solcher Selbstaufgabe an den anderen ist tiefe Freude. Solche Freude ist aber nicht angezielt, sondern eine Wirkung, die aus der Liebe folgt. Ja, sie darf nicht das Ziel der Liebe sein, weil ich ansonsten etwas anderes als den Liebenden anstrebe, nämlich diese Freude, und dann würde ich nicht lieben und den anderen nur als Hilfsmittel benutzen, um meine Bedürfnisse nach Erfüllung zu stillen. So scheinen aber viele heutzutage die Ehe zu verstehen: Menschen heiraten, weil sie diese Freude suchen, aber sie realisieren nicht, dass sich diese als Wirkung ihrer Liebe einstellt und nicht auf Biegen und Brechen zum Ziel der Ehe gemacht werden darf, weil sie sonst die Liebe pervertiert. Nur wer den anderen liebt ohne Hintergedanken hat Anteil an der göttlichen Liebe und wird göttlich, wie Luther sagt.[61]

Den Sünder lieben

Christliche Liebe verlangt von uns aber auch Hass – ja, das tut sie, aber nicht den Hass auf eine Person, sondern den Hass auf die

Sünde. Wenn die Kirche lehrt, dass man die Sünde hassen, aber den Sünder lieben solle, dann klingt dies wie eine unmögliche Aufgabe. Wie soll das gehen? Eine nette Kirche und ein netter Gott würden uns auf die Schulter klopfen und uns so nehmen, wie wir sind. Die christlichen Kirchen verlangen aber, wenn sie ihren Wurzeln treu sind, dass wir das Böse ablehnen, nicht die Person, die etwas Böses tut. Auf so abstraktem Niveau scheint das noch verständlich, aber wie soll das im wirklichen Leben gehen?

Dieses Gebot verlangt von uns die Fähigkeit, über die schlechten Taten eines Menschen hinwegzusehen und stattdessen den Existenzkern in den Blick zu nehmen, den wir mit ihm teilen. Wir müssen also den Abfall und Dreck seines Lebens zur Seite schieben, um auch von diesem Menschen sagen zu können: »Es ist gut, dass es ihn gibt.« Dieses Gebot Jesu ist wahrscheinlich schwieriger als andere, die er von uns verlangt. Aber es ist gar nicht so abstrakt.

Die Bibel sagt uns nicht, Sünder im »Allgemeinen« zu lieben, sondern jene, mit denen wir konfrontiert werden; andernfalls würden wir wahrscheinlich zu gleichgültig gegenüber dem Bösen werden. Wir lassen unsere Masken fallen und werden so verwundbar, und wenn wir uns dazu entschließen, alle Sünder im Abstrakten zu lieben und im Abstrakten die Sünde zu verdammen, dann sind wir versucht, das schlechte Verhalten anderer zu entschuldigen oder herunterzuspielen. Darüber hinaus braucht es weder Tugend noch Heroik, um die Sünde der Gier im Allgemeinen zurückzuweisen – aber es braucht sehr wohl Tugend und Heroismus, den eigenen Chef zu lieben, der einem aufgrund seiner Geldgier das Leben schwermacht. C. S. Lewis, der wohl berühmteste christliche Schriftsteller des 20. Jahrhunderts, hatte eine grundlegende Erkenntnis, als er über diese Tatsachen nachdachte. Er realisierte, dass es in einem ganz wichtigen Fall ganz einfach war, die Sünde zu hassen und den Sünder zu lieben – und diese Erkenntnis sollte uns zu denken geben: »Lange kam mir das wie Haarspalterei vor. Wie können wir die Handlungen eines Menschen hassen, nicht aber

113

den Menschen selbst? Jahre später ging mir auf, dass es einen Menschen gab, den ich schon immer auf diese Weise behandelt hatte, nämlich mich selbst.«[62]

Liebe ist nicht blind

Eines der größten Missverständnisse über die Liebe besteht darin, dass manche meinen, sie übersehe Schwächen und Probleme. Echte Liebe deckt solche Defekte erst auf, und wenn sie sündhaft sind, zeigt sie, wie sie in Gutes umgeformt werden können. In der Welt der Nettigkeit aber, der imitierten, aber unechten Liebe, werden moralische Defekte allerdings heruntergespielt oder beschönigend wegerklärt. Da sagt man dann, man hätte diese oder jene Verfehlung begangen, weil man selber ein Opfer war; man zieht sich aus der Verantwortung, vor allem aus der, ein anderer Mensch zu werden. Schuld hat in der Welt des netten Gottes keinen Platz. Sie zerstört die Seifenblase, in der wir leben und in der wir meinen, wir seien doch eigentlich ganz gute Menschen. Die Schuld fordert uns nämlich dazu auf, Rechenschaft abzulegen, deswegen ist sie vielen ein Dorn im Auge. Eine Religion ohne Schuld ist viel angenehmer, aber auch allen Lebens entleert! Damit ist natürlich nicht gesagt, dass es nicht auch ungesunde Formen der Schuld gibt, Neurosen und Störungen, aber Schuld als moralischen Kompass zu eliminieren, wie man dies im katholischen Religionsunterricht systematisch gemacht hat, heißt, das Leben der Beliebigkeit preiszugeben.

Es scheint mir, dass es eine tiefgründige Beziehung zwischen dem falschen Liebesverständnis und dem Verfall an Schuldbewusstsein in unserer Kultur gibt. Wenn wir nur genug lieben, dann können wir die Schuld ausmerzen und wieder fröhlich sein, so wird es uns manchmal vorgegaukelt. Nicht nur Theologen, sondern auch Politiker und Entertainer predigen uns seit Langem diese Mär: Gib die Schuld auf und kümmere dich nicht weiter darum, dann wirst du dich innerlich freier fühlen und kannst lieben. Diese Sicht setzt aber voraus, dass Liebe objektiv böse Taten ungeschehen machen kann, objektive Schuld auslöschen kann. So eine Liebe, oder besser so eine Falschliebe, gaukelt uns vor, dass der Pornozuschauer ohne Beichte Vergebung findet, der Ehebrecher ebenso, der seine Frau betrügt, dass solche Menschen keine Schuld empfinden sollen, weil die Schuld nichts bringe. Der Schuldige sei nicht so schlecht, kein Massenmörder, und sei auch ein ganz netter Kerl. Schuld als Chance ist damit aufgegeben: Wenn wir sie ausmerzen, dann werden wir taub für den Weckruf, der uns aufruft, unsere Taten einzusehen und für sie Verantwortung zu tragen.

Wenn Menschen so denken und »lieben«, dann pervertieren sie die Liebe und tun der schuldigen Person keinen Gefallen. Sie sind gerade nicht barmherzig, sondern fügen der Person großen Schaden zu, weil sie sie in ihrer Sünde bestätigen. Stattdessen muss man sich darüber klar werden, dass die Sünde immer schlecht ist und sich tief in unsere Seele gräbt. Die Schuld ist ein Mittel, sie zu erkennen und auszumerzen. Der barmherzige Gott verzeiht gerne, aber wir müssen Verantwortung zeigen, ihn um Vergebung bitten. Sünde zu verharmlosen gefährdet den Menschen, der seiner Chance beraubt wird, das Wort Gottes unverfälscht zu hören und ein Heiliger zu werden. Es lässt mich immer wieder erschaudern, wie leicht Kirchenvertreter die Sünde nehmen. Manchmal habe ich den Eindruck, als ob die meisten Bischöfe schon gar nicht mehr an die Wirklichkeit der Sünde glauben und meinen, einem Wohlfahrtsverein vorzustehen.

Gott nimmt die Sünde ernst

Zwei moderne Denker sind für diese Verharmlosung der Sünde besonders verantwortlich. Zum einen Nietzsche, der meinte, sie sei erfunden worden, um die Starken zu bändigen, um das Überleben der schwachen Christen und Juden zu bewerkstelligen. Jüdisch-christliche Moral ist für ihn das Ressentiment gegen die Starken. Zum anderen aber auch Freud, der meinte, dass Jesu Lehren die menschliche Aggression in Schuldkomplexe verwandelt habe, von denen wir uns zu befreien hätten. Allzu viele Theologen sind diesen irrigen Lehren gefolgt, mit dem Resultat, dass ihre Theologien mit Applaus aufgenommen wurden, weil sie vom Menschen nicht mehr viel verlangten, außer »nett und anständig« zu sein. Dass sie aber die menschliche Person und ihre Würde verletzten, kam ihnen nicht in den Sinn.

Solche Theologien spielen die Sünde herab und geben das Ideal auf, dass jeder von uns gerufen ist, heilig zu werden. Wenn man wie ich jahrelang das Leben solcher Professoren hautnah miterlebt hat, in Deutschland und den USA, dann wage ich zu sagen, dass vielfach eine Legitimierung der eigenen Lebensstile dahinter verborgen liegt. Wenn über die Hälfte der deutschen Priester, die ihre Studien bei solchen Professoren abgelegt haben, es nicht einmal mehr für nötig empfindet, einmal im Jahr zur Beichte zu gehen, was die Minimalanforderung an jeden Katholiken ist, dann kann man eigentlich nur noch weinen. Denn wenn man meint, man brauche Gottes Vergebung nicht, man brauche das Sakrament nicht, um geistlich zu wachsen, was glauben diese Priester dann eigentlich von der Eucharistie? Können sie denn glauben, dass Jesus für unsere Sünden gestorben ist? »Für welche Sünden? Denn ich habe ja keine«, so höre ich solche Theologen sagen – also für die Sünden anderer. Kein Wunder, dass die Beichtstühle leer sind: Nicht dass die Gläubigen nicht kommen würden, aber wenn man bereits vom Pfarrer das Gefühl vermittelt bekommt, es handle sich eigentlich um ein unnützes Sakrament, eines, das er selbst nicht ernst nimmt, dann stirbt es in der Pfarrei natürlich aus. Ein guter Freund, der als Priester Studentenseelsorger im Südwesten Deutschlands ist, erzählte mir, dass er die Beichtzeiten verdreifacht hat; seine Mitbrüder lachten ihn aus, aber sein Beichtstuhl ist immer voll und oft besucht von jungen Menschen. Jede Pfarrei, die die Beichte nur eine halbe Stunde wöchentlich anbietet, ist entweder eine Pfarrei von Heiligen oder eine, wo das Sakrament schon am Aussterben ist.

Die Liebe des wirklichen Gottes vergibt uns unsere Sünden, ohne sie herunterzuspielen oder schönzureden. Man nehme sich einmal das Neue Testament vor und suche eine Stelle, wo Jesus eine Sünde so schönredet wie mancher heutige Theologe. Ich kenne keine. Denken wir etwa an König David, dem Gott sein Missfallen ausdrückt (vgl. 2 Sam 11,12). Er schickt ihm den Propheten Nathan auf den Hals, um ihn aufzurütteln. Schließlich hatte er Ehebruch begangen und den Mann seiner Geliebten ermorden lassen. David aber bereut und klagt sich vor Gott an: Er realisiert, dass er die Todesstrafe verdient, und verurteilt sich vor Gott zum Tode! Solch ein Realismus steckt in der Heiligen Schrift! Aber es ist Gott, der diese Schuld verzeiht und ihm das Leben wiederschenkt, allerdings stirbt das im Ehebruch gezeugte Kind. Der Leser könnte daraus leicht den Schluss ziehen, wie grausam Gott doch ist, dass er die Sünde des Vaters am Kind rächt! Der Exeget Gerhard Lohfink aber weist darauf hin, dass das theologischer Humbug wäre: Der Text zeigt vielmehr auf, dass die Sünde, die schwere Sünde, etwas in dieser Welt auf immer zerstört oder beschädigt, auch wenn die Sünde selbst vergeben wird. Die Sünde Davids setzt einen Kreislauf des Bösen in Gang, der wie von selbst abläuft, weil seine Tat etwas in der Ordnung der Welt beschädigt hat.[63]

Das ist gar nicht so abwegig: Man stelle sich etwa vor, sie verbreiten über einen Kollegen ein Gerücht auf Facebook. Selbst wenn Sie Ihren Fehler einsehen, bereuen und ihn um Verzeihung bitten und dieser Ihre Entschuldigung annimmt, so können Sie doch die verletzenden Worte nicht zurücknehmen. Menschen haben sie bereits gelesen und verinnerlicht, und kein Löschen eines digitalen Textes löscht ihre Gedanken aus. Irgendwo im Cyberspace bleibt immer noch ein Rest dieses Posts. Die Wirkung Ihrer

Sünde bleibt bestehen, auch wenn Ihnen in der Beichte vergeben worden ist. Die Schockwellen der Sünde pflanzen sich fort durch das Universum und können nur durch die Verdienste ausgelöscht werden, derer wir durch Jesus teilhaftig werden – das ist die eigentliche Lehre vom Ablass in der katholischen Kirche!

Davids Geschichte zeigt uns also keinen rächenden Gott, sondern einen liebenden Gott, der die Wirklichkeit unserer Verfehlungen ernst nimmt, gerade weil er uns liebt und weil er will, dass wir in Glaube, Hoffnung und Liebe wachsen. Ein netter Gott würde sich nicht um unsere Verwandlung in heiligere Menschen kümmern, sondern uns stattdessen sagen, dass wir im Grunde ja »ganz gut« sind. Echte Liebe sieht anders aus! Sie ist wie ein Licht, das schmerzlich auf die dunklen Flecken unserer Seele strahlt, sodass wir von ihnen geheilt werden können. Dieses Licht der Liebe Gottes ist so hell, dass, wenn wir es annehmen, es selbst die dunkelsten Ecken unseres Leben erreicht und sie so strahlend wie die Sterne am Himmel werden.

8. DER GOTT DER INTIMITÄT

Intimität wird meist mit Sexualität assoziiert, hat aber eine viel grundlegendere Bedeutung. Das Wort hat die lateinische Wurzel *intimus*, was eigentlich höchst innerlich bedeutet. Es bezeichnet eine tief gründende Verbindung zwischen Menschen. Das Wort hat also eigentlich nicht notwendigerweise etwas mit Sex zu tun, aber da nun einmal sexuelle Aktivität für gewöhnlich einen Austausch von gegenseitig tief sitzendem Begehren und Liebe bezeichnet, verbinden wir es mit ihm. Im Englischen gibt es die Redewendung »to be of kindred spirits«, was man im Deutschen etwa mit »Seelenverwandter« wiedergeben könnte, um eine intime Beziehung zwischen zwei Menschen auszudrücken, weil das Wort »intim« zu sexualisiert ist.

Nackt sein

Die großen Mystiker des Christentums haben oft über ihre sinnliche Liebe zu Gott gesprochen und dabei diese Gotteserfahrung als intim beschrieben. Die heilige Teresa von Ávila, Mechthild von Magdeburg und andere verstanden unter intim sein aber nicht so sehr das Sexuelle, auch wenn sie diese Bilder benutzten, sondern vielmehr, dass Gott sie in ihrem innersten Wesen angerührt hatte, und dass sie bei Gott ihre Masken und Hüllen fallen lassen konnten, nackt sein konnten.

Mit jemandem intim zu sein bedeutet sowohl im sexuellen als auch im ursprünglichen Sinn »nackt sein«. Abgesehen von der Bedeutung im Schlafzimmer bezeichnet nämlich die Nacktheit im Westen ein Tabu. Man zeigt sich nackt, nur wenn es die persönliche Hygiene erfordert und beim sexuellen Akt, aber man ist in der Öffentlichkeit nicht nackt. Warum? Alle Menschen tragen Masken und Kleider um sich zu schützen, nicht nur vor der Witterung, sondern auch vor der möglichen Verwundung durch andere, vor Ausbeutung und Ausnutzung. Man kann nicht mit jedem »nackt« sein, d. h. sich verwundbar machen und sich zeigen, wie man ist. Die Scham ist es, die den Menschen beschützt und aufrechterhält, dass das Nacktsein, sich zeigen, wie man ist, auch im übertragenden Sinn nur für einen ganz kleinen Personenkreis bestimmt ist.

Der intime Gott

Wenn wir einen Blick ins Alte Testament werfen, finden wir viele Beispiele, in denen die Beziehung mit Gott wie eine intime Liebesbeziehung mit einem Liebhaber beschrieben ist. Wenden wir uns der berühmtesten Stelle zu, im Buch Genesis, am Anfang der Bibel. Dort wird uns im zweiten Kapitel eine Schöpfungserzählung geboten, in der Gott den Menschen aus Lehm formt und ihm seinen Atem einbläst.

Mit jemandem den Atem zu teilen ist eine intime Handlung; man teilt die warme, feuchte Luft, die aus dem Mund des anderen kommt. Deswegen treten wir einen Schritt zurück, wenn uns Menschen zu nahe treten und keinen Abstand von uns halten. Gegen unseren Willen wollen wir nicht in ihrer Atemnähe stehen. Am häufigsten teilt man den Atem des anderen im Geschlechtsakt, in Momenten der Leidenschaft. Und die Leidenschaft ist im Kern nichts anderes als der Ausdruck höchster Lebendigkeit und damit das Gegenteil von blutleerer Nettigkeit.[64]

Gott bläst nun in der Genesis Adam Leben ein und teilt ihm so göttliches Leben mit. Doch Adam fühlt sich allein und nichts, was Gott erschafft, erlöst ihn aus dieser Einsamkeit und Leere. Also greift Gott zu einem ungewöhnlichen Plan: Er lässt tiefen Schlaf über Adam fallen und entnimmt ihm eine Rippe, aus der er Eva formt. Es ist natürlich einfach, sich über diese Geschichte lustig zu machen, wie das im Kabarett oder am Stammtisch geschieht. Aber wiederum ist dies kein Tatsachenbericht, sondern will eine tiefere Wahrheit in einem Bild ausdrücken: Adam schläft, sodass Gott ihm keinen Schmerz zufügt – dem Gott Israels liegt viel am Menschen und er behandelt ihn entsprechend. Aber noch wichtiger als das ist die Konsequenz des Bildes von der Rippe: Mann und Frau sind innerlich, höchst intim miteinander verbunden. Sie sind nicht völlig verschieden, aber verschieden genug, um sich gegenseitig zu ergänzen. Die Geschichte bestätigt also die gleiche Würde von Mann und Frau, weil sie gleichermaßen an Gottes Atem teilhaben und zur Freundschaft mit ihm gerufen sind.

An zahlreichen anderen Stellen, besonders in den Erzählungen über den Auszug Mose aus Ägypten und den Psalmen, wird Gott als der präsentiert, der ein Herz aus Stein in ein Herz aus Fleisch verwandeln kann. Mit anderen Worten, er kann den Sünder in einen Heiligen umformen. Die meisten Leser der Bibel werden darüber hinweglesen, weil sie sie so oft gehört haben, und dabei die intime Dimension, die damit mitgemeint ist, übersehen.

Um am Herzen einer Person eine Operation vorzunehmen, muss man den Brustkorb öffnen. Der Patient, der eine solche Herzoperation über sich ergehen lassen muss, wird narkotisiert und vertraut seinem Chirurgen; ähnlich ist es mit dem Menschen, der Gott sein Herz anbietet, damit er es umformt. Das Herz wurde und wird in vielen Kulturen als der Sitz des Gewissens und der Gefühle gesehen. Wenn wir ein »schweres Herz« haben, dann wissen wir wohl, dass unsere Hormone und Drüsen Gefühle erzeugen, aber wir identifizieren doch immer wieder unsere Leibesmitte,

121

das Herz, als Sitz unserer Gefühle. Außerdem übersieht man, dass Gottes Herzoperation parallel zur Erschaffung Adams und Evas zu sehen ist; er nimmt das alte Herz heraus und bläst ihm Leben ein, so wie er dem Lehm und der Rippe Leben einbläst. Gott ist dem Menschen am Anfang nahe, er verlässt ihn nicht und kann seine Gegenwart in ihm noch verstärken, noch »intimer« werden lassen, wie es die Mystiker ausdrücken.

Die Bibel scheint darauf zu beharren, dass Gott unsere Gefühle schätzt und mit ihnen zusammenarbeitet. Manchmal werden sogar Gott Gefühle zugeschrieben. Das darf man wiederum nicht wörtlich verstehen, denn das hieße ja, Gott zu einem Übermenschen zu machen. Vielmehr ist es einfach die menschliche Rede von Gott, die uns Grenzen aufgibt, die wie nicht überschreiten können. Wie sollte man die Liebe Gottes lebendig beschreiben, ohne Bilder zu benutzen? Seine Liebe ist eben nicht ein einfaches Abnicken unserer Taten, sondern ein interessiertes Mitverfolgen, das uns so nahe, so intim ist, dass es in unseren Personenkern selbst hineindringt. Das ist der »eifersüchtige« Gott, der einfach nicht will, dass wir uns der Welt hingeben, weil uns das innerlich zerstört – es ist der Eifer, uns vor dem »Ehebruch« mit ihr zu retten. Dieser Gott ist uns so nahe, dass wir seinen Atem spüren, und das ist vielen unangenehm, weshalb sie Gott wegstoßen. Die Heiligen aber verstanden, dass dieser Atem uns Leben gibt, Leben in Fülle. Er führt uns auf andere Wege, als wir wollen, aber dafür auf Wege, die zum Leben und nicht in den Tod führen.

Der heilige Augustinus, der im vierten Jahrhundert lebte, drückte seine Gotteserfahrung so aus: »Gott ist mir innerlicher als ich mir selbst bin.«[65] Was könnte intimer sein? Und im Garten Eden, nach der Schöpfung und vor dem Sündenfall, so wird uns erzählt, spazierten Adam und Eva mit Gott nackt durchs Paradies. Die Geschichte zielt nicht auf das Spazierengehen ab, sondern, dass das erste Menschenpaar nackt mit Gott ging, ohne Scham zu fühlen. Beide waren Gott so nah, waren seine Freunde, dass sie nackt sein konnten, keine Masken tragen mussten, wie wir es tun, weil wir Angst haben, verletzt zu werden. Aber nachdem Adam und Eva gesündigt hatten, änderte sich die Lage. Plötzlich fühlten beide Scham, kleideten sich und versteckten sich. Die Freundschaft war gebrochen und musste erneuert werden.

Das Verdecken unserer Schuld

Psychoanalytiker lehren uns, dass ein üblicher Weg mit Schuld umzugehen darin besteht, sie einfach zu verdecken. Wir verstecken sie unter anderen Taten und Aktionen. Es ist nun interessant, was Adam und Eva tun. Gott sieht sie an und befragt sie in Genesis, Kapitel 3, was denn vorgefallen sei. Da er Gott ist, weiß er natürlich, was vorgefallen ist; er weiß, dass sie vom verbotenen Baum gegessen haben, aber er weiß eben auch, dass es für den schuldig Gewordenen gut ist, laut über seine Schuld zu sprechen. Gott kennt die heilende Wirkung eines ehrlichen Zuhörers, eines Freundes.

Dieses Gespräch verschont das Paar nicht vor Bestrafung, nämlich der Vertreibung aus dem Paradies, aber bevor dies geschieht, gibt ihnen Gott ein Geschenk. In fast allen Bibelkommentaren, die ich zurate gezogen habe, wird das übergangen, und der gewöhnliche Bibelleser wird die Stelle übersehen, aber sie ist zentral: Gott sieht, dass die Feigenblätter, die sich beide um die Lenden gebunden haben, ihre Scham nicht wirklich bedecken; er gibt ihnen neue Kleider aus Leder. Wann immer ich meine Studenten frage, woher Leder denn kommt, antworten sie: »Aus Tierhaut. Von toten Tieren«. Aber was bedeutet das denn? Gott opfert eine seiner Kreaturen, um dem Menschen permanente Kleidung zu geben und seine Intimität zu schützen. Gott muss Blut vergießen, um die Welt wieder in Ordnung zu bringen, die der Mensch aus den Fugen gebracht hat.[66]

Die Geschichte erzählt uns also, dass die Beziehung zu Gott gebrochen wurde, und zwar von menschlicher Seite aus, dass sich aber Gottes Liebe trotz dieser »Ursünde« oder »Urwunde« nicht geändert hat. So wie der barmherzige Vater in Jesu Parabel vom sogenannten verlorenen Sohn sogleich das wertvollste Kalb schlachtet, als der Totgeglaubte heimkommt, so schlachtet Gott ein Tier, um den Menschen zu kleiden und ihn mit dem Fleisch zu nähren. Der Gott, der hier dargestellt ist, ist nicht ein zürnender Gott, der das Menschenpaar schlecht behandelt, sondern sie nährt und kleidet, aber auch ihre moralischen Entscheidungen und deren Konsequenzen ernst nimmt. Er kann nicht über sie hinwegsehen, denn das hieße ja den Menschen nicht ernst zu nehmen.

Das Geheimnis der Vergebung

Aber hätte Gott Adam und Eva nicht einfach vergeben können? Die Bibel scheint keinen Zweifel daran zu lassen, aber sie beschreibt auch mit einer Geschichte, was passiert wäre, wenn Gott dies getan hätte. Er hätte etwas im Menschen zerstört, nämlich seine Freiheit, weil er ja aus freien Stücken gesündigt hat.

Philosophisch kann man aber noch weiter gehen. Wenn Gott eine Amnestie über das Menschenpaar verhängt hätte, dann hätten weder Adam noch Eva gelernt, welche Konsequenzen ihr Tun hat. Schließlich wussten sie ja, dass sie sterben würden, wenn sie vom Baum aßen. Sie hätten einfach von einem der anderen 999 Bäume essen können, aber sie wollten gerade vom verbotenen Baum essen. Hätte Gott beiden wie in einer Amnestie vergeben, dann wäre er doch nett gewesen, wirklich lieb, oder? Vielleicht nett, aber nicht wirklich lieb, denn er wäre dem Paar gegenüber nicht wahrhaftig gewesen, er hätte ihnen nicht gezeigt, dass ihre Tat die Freundschaft und das Vertrauen zu ihm beschädigt hat. Mit einer Amnestie hätte er ihnen zwar sanft auf die Schulter geklopft und ihnen gesagt: »Das ist alles nicht so schlimm«, und sie wahrscheinlich ermahnt, so etwas in der Zukunft nie wieder zu tun. Aber solch eine Argumentation vergisst, dass nicht nur etwas außerhalb von Adam und Eva zerbrochen ist, nämlich etwas in der Weltordnung, sondern vor allem etwas IN ihnen. Von nun an gab es die Selbstsucht, und Adam und Eva hätten nie gelernt, verantwortlich zu sein, sondern sie hätten damit weitergemacht, Gott zu manipulieren, weil er anscheinend zu »nett« ist, um sein Wort von der Todesstrafe bei Zuwiderhandlung zu halten. Sie hätten irgendwann aufgehört, Gott zu lieben, denn wie kann man jemanden lieben, der sein Wort nicht hält und der Verantwortung nicht ernst nimmt?

Die Bibel erzählt uns daher eine andere Geschichte, nämlich die von der Bestrafung Adams und Evas. Interessanterweise wird kein einziges Mal erwähnt, dass sie sich über das Urteil empört hätten, da sie wussten, dass es gerecht war. Das erinnert mich an meine eigenen Versuche in der Kindererziehung. Jedes Erziehungshandbuch gibt andere Ratschläge, aber ich glaube, dass alle in einem übereinstimmen, dass die Eltern konsequent sein müssen, auch wenn es schmerzt. Wenn ich sage, dass das Stibitzen eines Kekses bedeutet, man bekommt keinen Nachtisch zum Abendessen, dann muss ich das durchhalten und darf nicht dem schmollenden Kinderblick nachgeben. Sonst lernen Kinder nie, dass ihre Taten auch Konsequenzen haben und Papa meint, was er sagt.

Das bringt uns nun zurück zu Gott als Liebenden. Ähnlich wie wir unsere Kinder lieben, so liebt Gott uns, und daher kann er kein netter göttlicher Großvater sein, der alles abnickt und nie bestraft, sondern er muss der brennende Busch sein, der unsere Herzen mit der Flamme ansteckt.

Ohne Masken

Wir begannen dieses Kapitel mit einer Erklärung von Intimität und der Analogie sexueller Liebe. Bisher haben wir nicht viel über sexuellen Verkehr gesprochen, der, und das mag viele überraschen, doch auch gewisse Eigenschaften Gottes verständlich machen kann. Die Bibel benutzt dieses Bild, um Gottes Liebe zum Volk Israel auszudrücken. Wenn zwei Partner sich lieben, dann akzeptieren sie einander bedingungslos. Sie sagen »Ja« zueinander, auch zu den Problemen und Schwierigkeiten, die sich in ihrer Ehe zutragen, und versprechen, mit ihnen zu leben und sie zu verbessern. Wahre Liebe geht über das hinaus, was wir sehen.

Im Geschlechtsakt geben sich die beiden Partner einander in einem Akt hin, der einen Zeit und Raum vergessen lässt. Guter Sex ist eine ekstatische Erfahrung, etwas, das uns aus unserem Alltag herausreißt – und gerade deshalb vergleichen Bibel und Mystiker ihn mit der göttlichen Liebe. Gott lieben ist eben nicht das gleiche wie ein gutes Buch zu »lieben« oder einen Garten oder eine Lieblingsspeise; Gottes Liebe ist zart, aber leidenschaftlich; sie will alles oder nichts – wie ein Liebhaber.

Kein anderes Buch der Bibel drückt dies besser aus als das sogenannte Hohelied der Liebe im Alten Testament. Selbst der erfahrenste Prediger errötet ein wenig, wenn er es erwähnt oder daraus zitiert. Es ist sehr direkt und voll von erotischer, bräutlicher Liebe und Sinnlichkeit. Wie der Liebende auf seine Braut während der Hochzeitsnacht wartet, so wartet Gott auf uns. Was für eine Leidenschaft! Was für eine Sinnlichkeit! Wenn wir diese Leidenschaft vergessen, dann vernachlässigen wir auch unsere Beziehung zu Gott. Sie wird oberflächlich und langweilig, wie jede andere Beziehung, die wir an den Rand drängen. Ein Ehemann, der seine Frau vernachlässigt und langsam in die Gleichgültigkeit abgleitet, wird sie sexuell nicht mehr begehren. Mit Gott ist es aber ähnlich. Der Gott Israels ist nicht mit einem Date zufrieden, er will uns ganz.

Sexualität ist ein Bild für die Schönheit und das Leben Gottes. Er ist vollste Vitalität. Der griechische Philosoph Platon erinnert uns daran, dass jede Person dazu ausersehen ist, die Schönheit zu suchen, und dass man im Leben verschiedene Grade von Schönheit vorfindet. Die höchste Verwirklichung von Schönheit aber ist jene, die wir »schauen« können. Das bedeutet nun gerade kein Schauen mit den Augen, sondern das Genießen und Betrachten des Schönen, ohne abgelenkt zu sein. In der Schau des Schönen denkt man nur an das Schöne. Dieses Bild, das man auch vom Himmel und der Seligkeit dort gebraucht, hat nun eine gute Analogie im Sex: Wenn wir unseren Partner lieben, dann denken wir an nichts anderes als an ihn.

Verwundbare Intimität

Menschliche Sexualität erinnert uns an einen anderen Aspekt der Intimität, nämlich daran, unsere Kleider zurückzulassen und nackt zu sein. In dieser Intimität tragen wir keine selbst gemachten Masken vor unserem wahren Ich, sondern teilen uns der anderen Person mit. Franz Werfel, der große jüdische Schriftsteller, hat einmal in wunderbarer Kürze und Prägnanz gesagt, alles Leben sei »sich mitteilen«.[67] Er hat meines Erachtens recht. Wir teilen uns anderen mit, aber wir tun dies in vollster Offenheit nur mit denen, denen wir vertrauen. Wir lassen unsere Rüstung nur beiseite und sind im übertragenden Sinne nackt, wenn wir mit denen sind, die uns nicht vorverurteilen, uns verlachen, uns belügen oder ausnutzen wollen. Dann machen wir uns verwundbar, und manchmal werden wir selbst dann, wenn wir meinen, wir seien sicher, verwundet, wie uns die zahllosen Missbrauchsfälle immer wieder zeigen.

Christen glauben nun, dass Gott Fleisch angenommen hat in einem Akt vollkommener Liebe. Er machte sich so verwundbar und erniedrigte sich in eine »Sklavengestalt«, wie der Philipperbrief sagt. Dieser Sohn des Vaters aber tat es, um uns den Vater »mitzuteilen«, wie uns die ersten Verse des Johannesevangeliums aufzeigen. Wir alle wissen, wie die Geschichte endet: Jesu Vertrauen wird von Judas missbraucht, seine Jünger verlassen ihn, und er endet am Kreuz. Aber dabei vergessen wir meist eines, Jesu Leiden.

Warum musste Jesus einen so brutalen Tod sterben? Er erlöste die Menschheit von Sünde und Tod, aber hätte Gott der Menschheit denn nicht anders vergeben können?

Hätte Gott denn nicht eine Universalamnestie für alle Sünden erlassen können? Sicherlich. Aber ich bezweifle, dass er uns hätte »vergeben« können, weil Vergebung immer voraussetzt, dass die Person irgendwie vom bösen Tun betroffen ist. Ein Präsident, der einen zum Tode Verurteilten (in den USA) begnadigt, ist vom Verbrechen des Mörders nicht betroffen; er handelt am Schreibtisch. Seine Tat ist die der Sanftmut und Barmherzigkeit, aber nicht der Vergebung; sie hat keinen moralischen Wert, weil dieser Staatsmann keine Tugend für so einen Akt aufbringen muss.

Wenn die Eltern, der Ehepartner oder die Kinder eines Mordopfers dem Mörder vergeben, dann sprechen wir von einem heroischen Akt der Vergebung. Die Vergebung ist heroisch, weil sie ihren Schmerz und ihr natürliches Verlangen nach Rache übersteigt. Vergebung ist ein Akt ähnlich der Liebe und immer eine zutiefst persönliche Handlung.

Wenn Gott sich entscheidet, verwundbar in der menschlichen Existenz Jesu zu werden, dann beinhaltet das, nackt geboren zu werden. Es gibt kaum etwas Verwundbareres als ein Neugeborenes. In Bethlehem gibt er sich ganz in die Arme seiner liebenden Mutter, die zu diesem Zeitpunkt wahrscheinlich erst 15 Jahre alt war, und in die seines Pflegevaters Josef. Später aber wird Jesus zum Angriffspunkt des Hasses: Seine Widersacher hassen ihn, er wird verraten, er wird brutal gegeißelt und stirbt am Kreuz durch Ersticken.

Heilige Schrift und Väter stimmen überein, dass Jesus leiden »musste«, aber die einzige Erklärung, warum der Sohn Gottes Leiden zu erdulden hatte, ist die, dass er persönlich von der menschlichen Sünde betroffen werden musste. Gottes Sohn musste den Hass der Menschheit und den physischen Schmerz fühlen, um die Sünde wirklich ein für allemal vergeben zu können; ohne betroffen zu sein, wäre solche Vergebung nur eine Amnestie gewesen. Nur dann macht sein brutaler Tod am Kreuz Sinn. Er gab sein Leben als Akt der Liebe, aber die Schmerzen erduldete er als notwendiges Element dieser Liebe, weil Vergebung voraussetzt, verletzt zu werden. Diese Offenheit, diese Intimität der Liebe, schmerzt. So ein Gott ist kein ferner, langweiliger, netter Gott. Ihn so zu sehen, heißt, Jesus, wie die Soldaten, erneut ins Gesicht zu schlagen.[68]

Liebe ist fruchtbar

Die intime Liebe hat aber auch eine fruchtbare Seite. Liebe, die sich nicht mitteilt, ist selbstsüchtig. Wenn zwei Partner miteinander schlafen, dann sind sie prinzipiell offen dafür, Kinder zu empfangen, ihre Freude und ihre Liebe mit einem neuen Menschen zu teilen. Liebe bringt Leben hervor.

Eine ähnliche Analogie wird von der englischen Theologin und Schriftstellerin Dorothy L. Sayers in ihrem brillanten Buch *The Mind of the Maker* verwendet. Der Schriftsteller sieht sich als erschaffend. Als Autor erschafft er aus nichts eine Reihe von Versen, wie Gott auch das Universum nur durch sein inneres Wort hervorbringt. Gott beginnt nicht mit einem exakten Plan für die Welt, wie ein Architekt, sondern teilt sich dieser Schöpfung mit, teilt sein Leben im Überfluss aus. Solche Schöpfung ist das Gegenteil von Langeweile, denn sie ist voller Energie und Leben. Der Schriftsteller erinnert uns auch daran, wie wir mit dieser Welt umgehen: wir sehen die Welt oft als eine unendliche Reihe von Problemen, die wir lösen müssen. Dadurch werden wir aber, wie Sayers schreibt, zu Maschinen, denn wahres Leben hat mit Kunst und Schöpfung zu tun. Wenn wir alles als Problem ansehen, verpassen wir das Leben! Wie der Künstler die Idee hinter sich lassen muss, der beste Künstler aller Zeiten zu werden, so müssen wir die Illusion aufgeben, dass wir unser Leben völlig im Griff haben, die perfekte Lösung für unsere »Probleme« finden, und stattdessen mit dem Leben in Liebe zusammenarbeiten. Es gibt eben keine wirklich kreative Problemlösung, weil der Akt der Schöpfung völlig verschieden vom mechanischen Problemlösen ist. Probleme zu lösen ist immer Antworten, Schöpfung aber ist Liebe und Kunst und Leidenschaft. Schöpfung erfordert immer Liebe und Opfer. »Das vollkommene Liebeswerk verlangt die Zusammenarbeit vom Geschöpf, das auf das Gesetz seiner Natur antwortet.«[69]

Wenn wir etwas mit unserem Geist oder unseren Händen erschaffen oder wenn wir neues Leben in Liebe zeugen, dann haben wir Anteil an der göttlichen Tat der Schöpfung. Das ist ein wichtiger Punkt in der sogenannten Theologie des Leibes von Papst Johannes Paul II., der herausstellte, dass das gegenseitige »Ja« der Liebenden ein Schlüssel zum Verstehen von Gottes »Ja« zur Menschheit ist.

Liebe kann nie nur nett und oberflächlich sein, und daher wäre es ein Missverstehen Gottes und unseres Glaubens, wenn wir so von ihm und unserem Verhältnis zu ihm dächten. Liebe ist immer intim; sie berührt den Kern unserer Existenz und ist immer mehr als ein Gefühl. Das Geheimnis ehelicher Liebe, das neues Leben hervorbringt, erinnert uns daran, dass das Leben eben nicht nur das Problemlösen umfasst, sondern darin besteht, mit Gottes Absichten zusammenzuarbeiten.

9. DER GOTT DES TROSTES

Wenn ich am Morgen beim Frühstück die Zeitung aufschlage, denke ich oft: Gibt es einen besseren Beweis für die Erbsünde? Egal ob es eine Schießerei war, Kindesmissbrauch oder nur ein Tobsuchtsanfall eines stolzen Fernsehstars – ich sehe die Abgründe der Menschheit und schließe mich mit meinen Verfehlungen davon überhaupt nicht aus. Schließlich bin ich selbst eine gefallene Kreatur!

Die Ursünde, wie man sie auch nennen kann, betrifft uns alle; wir wandern nicht nur durch ein Dickicht der Sünde und Versuchung, sondern wir leben auch sicherlich nicht mehr im Paradies. Natürlich, werden Sie vielleicht sagen, müssen wir alle schwitzen und arbeiten – aber das meine ich gar nicht. Auf was ich eigentlich abziele, ist, dass wir das Wichtigste im Paradies verloren haben, die Freundschaft mit dem unendlichen Gott.

Das Loch in unserer Seele

Seit Menschen ihre Freundschaft mit Gott zerbrochen haben, sind unsere Seelen verwundet. Wir leiden unter der »Vertreibung«, aber nicht weil uns nun ein Schlaraffenland, in dem wir nicht arbeiten müssen und keinen Schmerz fühlen, abginge, sondern weil wir unser unendliches Verlangen nicht mehr erfüllen können. Im Paradies wurde dieses Verlangen durch die Freundschaft mit Gott erfüllt. Was ist aber dieses unendliche Verlangen? Es existiert. Ich fühle es. Ich sehe andere, die von ihm verwundet sind, und es scheint, dass alle Menschen es haben – weil Menschen von Natur aus nie zufrieden sind.

Wir denken, dass ein weltliches Gut uns irgendwie glücklich machen könnte. So laufen wir diesen angeblichen Gütern hinterher, nur um dann zu merken, dass wir eigentlich eine größere, bessere Version dieses Gutes wollen. Eigentlich geht es gar nicht um den Konsum als Habenwollen, sondern vielmehr um den Kitzel der Jagd nach Neuem. Dieses Ausschau Halten nach Neuem, geradezu eine Gier, ist ein Symptom der inneren Wunde, die uns der Sündenfall geschlagen hat. Wiederum spreche ich nicht von einem wortwörtlichen Verständnis, sondern von einem tieferen Verständnis der Geschichte, dass Adam und Eva sinnbildlich für die Menschheit die Freundschaft mit Gott weniger schätzen als den Jagdkitzel nach Neuem, uns vermeintlich erfüllenden Gütern. Denken wir etwa an eine Party, die wir geben und gute Freunde eingeladen haben: Wir sprechen über das wunderbare Essen auf unseren Tellern, dann aber dreht sich das Gespräch plötzlich um Rezepte, die noch viel besser sind und die man unbedingt ausprobieren muss, sodass man beim Genuss des Essens schon das nächste plant! Wiederum, daran ist prinzipiell nichts Schlechtes, solange man weiß, dass das nächste Mal genauso wird, dass man sich also über den Schein der Jagd im Klaren ist. Oder wir reden uns ein, dass wir nach der nächsten Beförderung glücklich und erfüllt sein werden; doch hat man die Lohnsteigerung erst, erwartet man sehnsüchtig die nächste. Beim nächsten Lebenspartner wird alles besser; wenn man erst den perfekten Partner gefunden hat, wird man glücklich. Und so fort. Man gibt sich der Illusion hin, was der heilige Augustinus schon vor 1500 Jahren einsah. Er erkannte das abgrundtiefe Loch in unserer Seele, das die Ursünde gerissen hatte. Es ist ohne Boden, aber wir machen uns vor, dass wir das Unendliche mit dem Endlichen füllen können. Ein unendliches Verlangen, so die Logik, kann nie durch ein endliches Gut befriedigt werden. Es wäre vernünftiger zu glauben, wir könnten den Grand Canyon mit ein paar Kieselsteinchen, die wir per Hand hineinwerfen, auffüllen.

Die Wahrheit ist, dass dieses Verlangen eines nach Gott, dem unendlichen Schöpfer, ist. Warum ich das alles so ausführlich beschreibe? Weil ein Missverständnis hier fatale Auswirkungen auf unseren Gottesbegriff hat. Wenn wir nämlich annehmen, Gott sei ein netter Kumpel, den wir zu allem und jedem überreden können, dann glauben wir an einen göttlichen Schwächling. So ein Gott kann aber doch niemals befriedigen – er ist so schwach, dass er nicht einmal Gerechtigkeit hervorbringt. Freilich sind wir uns darüber oft nicht bewusst, aber diese unbewusste Verkleinerung Gottes führt dazu, dass wir uns ihm gar nicht mitteilen, mit ihm gar nicht mehr unsere Verwundbarkeit teilen. Wir wollen mit diesem Gott nicht allein sein, und schon gar nicht »nackt«. Was wir ersehnen, sind kurzlebige, angenehme Gefühle und Erfahrungen, zeitweilige Betäubung des schlimmsten Schmerzes, aber keine Auffüllung des Loches in unserer Seele. Das trauen wir diesem Gott schon gar nicht mehr zu. Wir haben kein Verlangen mehr nach ihm. Wir wollen keine Operation an unserem offenen Herzen, sondern lediglich ein Pflaster auf die Seele.

Viele Christen haben Gott zu einer solch angenehmen, netten, zuckersüßen Gottheit gemacht. Er ist nicht mehr Geheimnis, sondern ein endliches Götzenbild. Uns kommt es gar nicht mehr in den Sinn, wie der deutsch-französische Pfarrer und Schriftsteller Karl Pfleger zu schreiben, dass nur »das Mysterium tröstet«.[70] Ein Gott, der von uns konstruiert ist und der nur darauf »programmiert« ist, unser irdisches Wohlergehen im Auge zu behalten, wäre ein glorifizierter Weihnachtsmann, aber kein Gott, der noch fähig wäre, uns zu trösten und das tiefste Verlangen unseres Herzens zu stillen, weil er nicht mehr unendlich und auch nicht mehr unbegreiflich wäre. Er wäre viel zu weltlich und eigentlich nur ein Supermensch im Himmel.

Der französische Literaturnobelpreisträger François Mauriac (1885–1970) – selbst ein gläubiger Katholik – wurde einmal gefragt, warum er das menschliche Leben in so dunklen Farben schildere. Hasse er etwa die Welt? Er bestritt das vehement. Alles was er wollte, antwortete er, war, das Leben so zu zeigen, wie es war, so dunkel und grausam, aber mit Spuren von Helle, Freude und Erlösung. Dadurch wolle er die Schönheit und völlige Andersartigkeit Gottes, seine Nicht-Weltlichkeit herausstellen und betonen, die wir so oft vergessen. Nur wenn wir die Welt mit ihrem Schmerz und ihrer Sünde ernst nehmen, dann erkennen wir, dass nur Gott sie retten kann, und welche Tragödie es wäre, wenn wir unser Leben statt ihm einem Monster der Weltlichkeit schenkten. Erst dann werden uns die Augen aufgehen, wie verschieden Gott doch von der Welt ist![71]

Ablenkung als Droge

Viele sehen ihr unerfülltes Verlangen schon nicht mehr und diagnostizieren ihren seelischen Schmerz falsch. Sie sind schon so von der Welt der Werbung umgepolt, dass Gesundheit, Erspartes, Klimaerwärmung und Aktienmarkt die wirklich wichtigsten Dinge im Leben geworden sind. Natürlich sagen die Marketingspezialisten das nicht direkt, so schlau sind sie. Vielmehr erschaffen sie immer neue »Bedürfnisse«, die natürlich gestillt werden müssen, was bei den Anbietern das Geld in der Kasse klingeln lässt. Uns wird vorgegaukelt, dass wir diese Bedürfnisse erfüllen müssen, um glücklich zu sein. Die Werbung produziert so Tausende von Ablenkungen, um uns von unserer inneren Einsamkeit wegzuführen und stattdessen endliche Güter einzukaufen. Sie wollen unbedingt verhindern, dass uns diese Ablenkungsstrategie bewusst wird, dass wir erwachsen werden und realisieren, dass die wichtigsten und wertvollsten Dinge im Leben nicht käuflich sind.

Diese Ablenkungsagenda ist nichts Neues und hat wahrscheinlich seit Beginn der Menschheit existiert, oder besser gesagt seit Beginn der sündigen Menschheit. Damals hat man sich die Ablenkung natürlich eher durch gesellschaftliche Erwartung aufschwatzen lassen. Aber bereits der Mathematiker und Philosoph Pascal hat im 17. Jahrhundert festgestellt:

»Man belastet die Menschen von Kindheit an mit der Sorge um ihre Ehre, um ihren Besitz, um ihre Freunde und dazu noch um den Besitz und die Ehre ihrer Freunde, man überhäuft sie mit Geschäften, mit dem Erlernen von Sprachen und Übungen, und man gibt ihnen zu verstehen, sie könnten nicht glücklich sein, ohne dass es gut um ihre Gesundheit, ihre Ehre, ihr Vermögen und um die Gesundheit, die Ehre, das Vermögen ihrer Freunde stehe, und wenn eines davon fehle, so werde sie das unglücklich machen. Also überträgt man ihnen Pflichten und Geschäfte, die sie vom frühen Morgen an in Bewegung halten. Das, so werdet ihr sagen, ist eine seltsame Art, sie glücklich zu machen; was konnte man mehr tun, um sie unglücklich zu machen? …

Man brauchte ihnen nur all diese Sorgen abzunehmen, denn hierauf würden sie sich selbst sehen, sie würden denken, was sie sind, woher sie kommen, wohin sie gehen, und gerade deshalb kann man sie gar nicht zu sehr beschäftigen und ablenken.«[72]

In einem derart geschäftigen Leben gibt es keinen Platz, um die großen Fragen zu stellen, und es ist kein Platz mehr übrig, um das unendliche Sehnen nach dem Geheimnis unserer Existenz zu stillen.

Heute ist die Situation vielleicht noch schlimmer als im 17. Jahrhundert, weil Zerstreuung nicht nur ein Mittel, sondern geradezu eine universale Droge geworden ist. Wir sind ja nicht einmal mehr Einzelmenschen, sondern Mitglieder einer Massengesellschaft, die von großen Konzernen geleitet wird. Wir leben in der Illusion, dass unsere Entscheidungen frei sind, obwohl tüchtige Geschäftsmänner und Techniker uns mit ihren Algorithmen manipulieren, um ihre Produkte zu bestellen. So werden wir »Mitglied« bei einem

Supermarkt oder einem Buchklub, um angeblich etwas zu sparen, oder man verknüpft sich auf sozialen Netzwerken nach Interessen. So werden wir überall inkorporiert, einverleibt und unsere Informationen ausgenutzt, doch bei einer Adresse scheint sich unsere Bereitschaft, Mitglied zu sein, aufzulösen, nämlich im Leib Christi. Und damit meine ich im Moment gar nicht die Kirche und auch nicht die Pfarrei, sondern den blutverschmierten, verwundeten, leidenden, aber verherrlichten Leib des Herrn. Überall lassen wir uns einverleiben und für dumm verkaufen, aber den einen Herrn, der unser Bestes im Auge hat und uns in seinen Leib integrieren will, den halten wir auf Abstand, weil wir in unserer Illusion glauben, Gesundheit, Wohlstand und Familie seien das Wichtigste im Leben, und die Zerstreuungen für etwas Gutes halten.

Weg mit dem Schmerz!

In der Gegenwart gibt es zahllose Aktivisten, die für an den Rand gedrängte Gruppen oder Notleidende Spenden sammeln. Oft geben wir ihnen Geld und fühlen uns dann gut; manchmal entlasten wir uns auf diese Weise auch von unserer Schuld. Wir haben dann unsere Pflicht getan und auf ganz abstrakte Weise, nämlich mit der Überweisung, dafür gesorgt, dass das Leid nicht an unsere Türschwelle kommt, dass es abstrakt bleibt, weit weg von uns. Die Folge von all dem ist, dass wir alle möglichen Übel nunmehr ähnlich wahrnehmen und Delegierte finden, Hilfsorganisationen, die uns die Sorge um sie abnehmen. Nicht, dass Sie mich falsch verstehen: Karitativen Organisationen etwas zu spenden ist eine gute Sache und ich bestreite auch nicht den Wert dieser Hilfswerke. Ich möchte nur beleuchten, was vielmehr in UNS selbst, in unserer Seele dabei vorgeht. Das Leid, das uns im Fernsehen ständig begegnet, bombardiert unsere Empfindsamkeit, und langsam stumpfen wir ihm gegenüber ab, sogar gegenüber dem Leid, das sich ganz in unserer Nähe abspielt. Das ändert sich erst, wenn auf einmal unser eigenes Leben gefährdet ist und der Schmerz uns ergreift. Dann sind wir auf einmal fähig, Prioritäten zu setzen: Wenn das eigene Kind eine Krebsdiagnose erhält, dann ist ein undichtes Dach oder eine Beförderung das Letzte, an das wir denken wollen.

Der Punkt, auf den ich hinauswill, ist, dass der Gott, zu dem Christen beten, immer als einer geglaubt wurde, der das Leid durch sein Eingreifen lindern kann. Das kann durch ein Wunder geschehen oder durch Menschen, die er unseres Weges schickt, oder durch Trost oder andere Weise. Aber schlussendlich ist es Gott, der uns versichert, alles zum Guten zu wenden – alle Tränen abzutrocknen, die Übeltäter zu bestrafen und ihre Opfer für erlittenes Unrecht zu entschädigen.

Ein Weihnachtsmann-Gott, der sich nur um unsere Gesundheit, unser Haus, unsere Finanzen kümmert, ist wohl kaum der Gott, der Schmerz und Leid zulässt und unser Leben durchwirkt. C. S. Lewis hat den Schmerz sogar einmal als Gottes »Megafon« bezeichnet und wurde dafür scharf kritisiert. Er hatte damit nicht gemeint, dass Gott hinterlistige Krankheiten schickt und Schmerz erschafft, sondern vielmehr glaubte Lewis mit der ganzen christlichen Tradition, dass Gott Leid zulässt und es zum Guten bringt, dass Gott aus dem Bösen Gutes hervorbringen kann.[73]

Sicherlich ist es eines der besten Argumente gegen die Existenz eines guten Gottes, dass dieser Gott doch alles Übel von Anfang an hätte verhindern können. Sicherlich – aber wir haben bereits mehrmals gesehen, dass er dann auch die menschliche Freiheit zerstört hätte. Wenn es nun keine Aussicht gäbe, dass der Schmerz und das Übel jemals aufhörten, dann wäre auch das ein gutes Argument gegen Gott. Doch wiederum stellt uns das Christentum einen Gott vor, der dem irdischen Leiden ein Ende setzt durch den Tod. So komisch es klingt, aber der Tod ist die Garantie, dass irdischer Schmerz, Enttäuschung und Übel ein Ende nehmen. Der Tod raubt uns das Leben, aber er erlöst uns auch vom Leiden. In diesem Sinn gibt es also wirklich kein unendliches Leiden, weil das Leiden nie abstrakt wie eine Zahl ist, sondern immer das Leiden eines bestimmten Menschen oder Tieres; daher gibt es auch keinen Schmerz der Menschheit oder der Gattung Hund, sondern nur von Individuen und folglich ist auch deren Leiderfahrung begrenzt.

Am Ende sind es also immer Individuen, die leiden, und Gott hat in Weisheit diesem Leiden durch den individuellen Tod eine Grenze gesetzt. Das Leiden der Verdammten in der Hölle widerspricht dieser Auffassung nicht, denn ihr Leiden ist gerade nicht von Gott gewollt, wie Lewis in seiner Schrift *Die große Scheidung*[74] aufzeigt, sondern selbst zugefügt. Das deckt sich auch mit der theologischen Tradition; man denke etwa daran, dass Dante den Höllengrund als Eis beschrieb und Satan als einen in sich gewundenen, halb im Eis feststeckenden Dämon. Wenn man sich der Sünde hingibt, dann ist man nur auf sich zentriert, in sich gewunden, und friert den Charakter im Laster ein. Dadurch, dass die Menschen Gott in ihrem Verhalten ablehnen, fügen sie sich selbst Schmerz zu. Und da nach dem Tod die Möglichkeit unserer Charakterbildung aufhört, ist es entscheidend, wo man sich hinentwickelt hat. Jede Entscheidung beeinträchtigt unsere Personenentwicklung; eine Reihe von schlechten Entscheidungen festigt unseren Charakter im Laster, friert ihn ein, während gute Entscheidungen zur Gewohnheit, zur Tugend werden. Die Verdammten können Gottes Licht nicht ertragen, weil sie wie der Maulwurf das grelle Licht nicht aushalten, das für die Seligen die größte Freude ist. Die Tore der Hölle sind von innen verriegelt, sagt Lewis treffend.

Der Gott der Gerechtigkeit

Schmerz ist eine Realität unseres Lebens – die Frage ist nur, wie wir mit ihm umgehen. Wenn wir nicht an den geheimnisvollen Gott glauben, der der Grund für unsere Existenz ist, dann haben wir keinen, der uns trösten, und vor allem keinen, der die Dinge »richten« kann. Nach dem Philosophen Immanuel Kant wird dies oft als das moralische Argument für die Existenz Gottes bezeichnet. Alle unsere moralischen Taten wären umsonst, wenn es keinen Gott gäbe, weil wir täglich erfahren müssen, dass es sich nicht auszahlt, moralisch zu sein. Ja, es ist sogar manchmal der Karriere geradezu abträglich, dem Geldbeutel ebenso, moralisch zu sein, während den Unmoralischen die Welt gehört. Sicherlich stimmt es, dass die Tugend ihr eigener Lohn ist, dass wir nicht um eines anderen willen handeln, sondern um des Guten willen, aber wir müssen uns fragen, ob es denn so etwas wie eine letzte Gerechtigkeit gibt. Gibt es eine Instanz, welche nach unserem Ableben die Dinge »richten« kann? Das heißt, dass die Unmoralischen bestraft und ihre Opfer entschädigt werden? Oder wird es nie Gerechtigkeit geben für die misshandelten Kinder, die missbrauchten Frauen, die Millionen von Gefallenen? Wenn es keine solche Instanz gibt, dann ist Moral unvernünftig.

Kant selbst, eine zutiefst moralische Person, zog die Schlussfolgerung daraus, dass wir die Existenz Gottes annehmen müssen, wenn wir nicht wollen, dass wir uns unseren primitivsten Trieben ausliefern und zu egoistischen Monstern werden. Atheistische Philosophen haben in der Tat ihr Problem klarzumachen, warum man moralisch handeln sollte, auch weil ja ohne die Existenz Gottes alle moralischen Gesetze nur Übereinkünfte der Gesellschaft sind, die sich ändern können. Objektive moralische Normen gibt es in einer atheistischen Ethik nicht, woher sollten sie auch kommen? 1942 war die Tötung von Behinderten erlaubt und rechtens, ebenso die Tötung von sechs Millionen Juden. Man braucht aber nicht gleich den Holocaust heranzuziehen: Denken Sie nur einmal an die sogenannte »Rassengesetzgebung« des 3. Reiches. Es gab kaum Widerstand gegen sie; sie wurde gesellschaftlich akzeptiert und damit auch die Sicht, dass es »gut« und »akzeptabel« war, Juden auszugrenzen, sie zu misshandeln und als »Untermenschen« zu behandeln. Das war also die gesellschaftliche Übereinkunft von 1937, die objektiver Moral radikal widerspricht!

Am berühmtesten unter atheistischen Philosophen war wahrscheinlich Bertrand Russell, auch weil er für seine sprachlichen Leistungen den Literaturnobelpreis erhielt. Er engagierte sich besonders in der Friedensbewegung, aber er wich der Frage, warum die Verwirklichung des Weltfriedens denn besser sei als Krieg, aus, denn er wusste, dass er sie von seinem atheistischen Standpunkt aus nicht objektiv begründen konnte. Ich bewundere an ihm die Konsequenz seines Denkens und seine Ehrlichkeit. Er war, was der katholische Philosoph Jacques Maritain einen »uninteressierten positiven« Atheisten nannte – einer, der willens ist, sich vollends der Welt hinzugeben und sich »damit zufrieden gibt, in ihr zu sterben, wie ein Grashalm im Erdboden, und so als Dünger in ihm aufzugehen ... Der positive Atheist überliefert seine eigene Seele dem weltlichen Schöpfer.«[75] Dieser Schöpfer ist aber natürlich nicht Gott, Russell ist ja Atheist, sondern ein Götze, ein Idol, oder was August Comte mit seinem »Glauben an die Menschheit« als Religionsersatz forderte.[76]

Es ist wichtig herauszustellen, was ich keinesfalls meine. Ich argumentiere *nicht* (!), dass Atheisten weniger moralisch oder gar unmoralisch wären, weit gefehlt. Vielmehr argumentiere ich, dass ihre Überzeugung, moralisch handeln zu wollen, logisch nicht tragfähig ist, weil es in ihrem Denken keine absoluten, universell gültigen Standards gibt, die das Opfer ihres Lebens und ihre moralischen Handlungen verständlich machen würden, weil es ohne die Existenz Gottes keine solchen moralischen Wahrheiten gibt. Das Leben hat keine Bedeutung über die hinaus, die ich ihm selber gebe, ist Kerndogma des Atheismus; diese Bedeutung ist aber eine Fiktion, die man sich zurechtlegt. Macht man sich das klar, so Bertrand Russell, muss man sein Leben letztendlich auf eine Philosophie der Verzweiflung bauen:

»Der Mensch ist das Produkt von Ursachen, die keine Voraussicht hatten, welches Endresultat sie hervorbringen würden; sein

Ursprung, sein Wachsen, seine Ängste, seine Liebe und sein Glaube sind nichts als das Produkt zufälliger Atomzusammenballungen. Kein Feuer, kein Heldentum, keine Intensität von Denken oder Fühlen kann das individuelle Leben jenseits des Grabes bewerkstelligen; alle Mühen der Jahrhunderte, alle Hingabe, aller Ruhm des menschlichen Geistes, sind dazu bestimmt, im fernen Tod des Sonnensystems unterzugehen. Der gesamte Tempel menschlicher Errungenschaften muss unausweichlich unter dem Schutt eines in sich zusammenbrechenden Universums begraben werden ... Nur auf der Grundlage dieser Wahrheiten, nur auf dem Fundament der ausweglosen Verzweiflung, kann die Seele zukünftig sicher leben.«[77]

Warum musste Jesus leiden?

Schlussendlich ist der heroische Glaube an den Fortschritt der Menschheit, wie ihn Comte und Russell beschreiben, auf der Einsicht in die Verzweiflung gebaut, darauf nämlich, dass es keine Hoffnung gibt und keinen Trost. Ich gehe sogar so weit zu sagen, dass es für einen Menschen, der nur an den netten, deistischen Gott, den Großpapa im Himmel glaubt, kaum Besseres als Verzweiflung geben kann. Denn so ein Gott ist doch machtlos angesichts des Übels in der Welt, er ist so machtlos, dass ich ihn selber nicht mehr brauche, außer um hier und da etwas Glitzer und Wellness auf mein Leben zu werfen. Vielleicht ist so ein Gott nicht in der Lage, andere zur Liebe zu überreden, wie es die sogenannte Prozessphilosophie meint, aber er könnte nie das Leid auslöschen und die letzte Gerechtigkeit herstellen, von der wir oben sprachen, und schon dreimal kein ewiges Leben bewerkstelligen.

Wenn man an Gott als den glaubt, der alles »richten« wird, dann hat das nicht nur die Bedeutung des Recht Sprechens, sondern auch die des Bewerkstelligens des Guten. Vielleicht hilft uns

141

dies auch, das Leiden Jesu selber besser zu verstehen. Jahrhunderte lang hatte man sich auf den heiligen Anselm berufen, einen Theologen und Philosophen des 11. Jahrhunderts, nach dem Christus Genugtuung für unsere Sünden geleistet habe. Das stimmt natürlich, aber während seine Theorie das Sterben Jesu gut erklärt, lässt Anselm eine Tatsache unerklärt, nämlich das außergewöhnliche Leiden Jesu während seiner Passion.

Der deutsche Philosoph Harald Schöndorf, selbst Jesuit, hat auf Anselms Denken aufgebaut und eine neue Sichtweise auf das Leiden Jesu vorgeschlagen. Er sieht den Schlüssel zum Geheimnis von Jesu Leiden in der Bitte des Vaterunsers: »Und vergib uns unsere Schuld, wie auch wir vergeben unsern Schuldigern.« Es scheint eine innerliche Verbindung zwischen Gottes Vergebung und der Vergebung der Sünden zu geben, die man gegen uns verübt hat. Sünde aber ist eine Handlung, die in vollem Bewusstsein gegen Gott verübt wird und aufgrund ihrer Schwere dem Sünder den Verlust der Freundschaft Gottes einbringt. Denn Sünde, Böses, kann nicht zusammen mit Gott bestehen. Sicher müssen wir solche Todsünden von den lässlichen Sünden unterscheiden, die unsere Freundschaft mit Gott nur beschädigen, aber nicht zerstören. Beide aber verletzen die göttliche Ordnung!

Seit Platon haben Philosophen argumentiert, dass die Bestrafung des Übeltäters die Gerechtigkeit wiederherstellt. Doch diese Wiederherstellung ist nie vollkommen. Man muss nur an eine hässliche Scheidung denken, wo Verletzung und Feindschaft auch nach dem Scheidungsspruch bleiben. Wirkliche Gerechtigkeit würde auch alle schlechten Wirkungen einer bösen Tat auslöschen – etwas, was wir Menschen einfach nicht tun können.

Dennoch gibt es Versöhnung, und Versöhnung scheint gerade das zu bewerkstelligen, aber nur durch Reue und Vergebung. Deshalb sind Gottes Barmherzigkeit und Vergebung die Verwirklichung, die höchste Form von Gottes Gerechtigkeit! Gibt es aber für diese umfassende, neue Gerechtigkeit Gottes eine Voraussetzung? Muss zuerst etwas geschehen, dass sie möglich wird? Für Schöndorf ist es das Leiden Jesu! Nur wenn Gott wirklich und tiefgründig von unseren Sünden verletzt wird, kann er den Weg der Versöhnung und der Vergebung gehen; andernfalls würde er uns nur verzeihen wie in einem Akt der Amnestie. Erst dadurch, dass Jesus der furchtbaren Verachtung preisgegeben ist, der Folter, und als Unschuldiger zum grausamen Tod verurteilt wird, wird Gott als Person unüberbietbar zum Objekt des Hasses und der Sünde. Nach der Passion und dem Tod Jesu konnte Gott wahrhaft vergeben und die Gerechtigkeit wiederherstellen, in größtem Maße, nämlich durch den Akt der Vergebung und Barmherzigkeit! Deswegen musste Jesus also leiden, wie der Evangelist Lukas sagt (vgl. Lk 24,26), sodass er uns in einer überzeugenden Weise vergeben konnte: Wenn wir auf das Kreuz schauen, dann bekennen wir, dass der Sohn gelitten hat und von unseren Sünden gepeinigt wurde.[78]

Wir haben die Wahl

Schlussendlich haben wir die Wahl: Entweder wir akzeptieren die Philosophie der Verzweiflung und des Atheismus, oder wie akzeptieren die traditionelle christliche Antwort, dass es nämlich einen Gott gibt, dem unser Leid nicht gleichgültig ist und der es sogar teilt.

Es gibt keinen Mittelweg. Ein schwacher Gott wäre vielleicht traurig über unser Leiden, aber könnte die letzte Gerechtigkeit nicht hervorbringen und auch kein ewiges Leben. Nur der Gott des Donners, des Schauers, der Hingabe und der Intimität – wie wir den Gott Abrahams, Isaaks und Jakobs beschrieben haben – kann das. Trotz aller philosophischer Argumente aber ist es doch ein Akt des Glaubens, wenn wir uns in seine Arme werfen. Der deutsche Philosoph Peter Wust, der 1940 nach einem langen Krebsleiden starb, schrieb, dass wir in der Mitte der Unsicherheit unserer eigenen Existenz und unseres ewigen Schicksals von der Liebe Gottes umfangen seien. Dieses Halbdunkel des Göttlichen erscheint unter einem Schleier, der erst gelüftet wird, wenn wir in sein Reich eintreten.[79]

10. GOTT IM FLEISCH

Das Christentum ist vollkommen skandalös, ein Stolperstein für alle Bequemlichkeit, weil es Gott nicht in die Ferne verbannt, sondern betont, dass er in die Welt, ins menschliche Fleisch, gekommen ist. Doch auch damit ist es nicht zufrieden, denn es predigt sogar, dass er wie wir geboren wurde, aufwuchs, arbeitete und starb. Das Geheimnis der Fleischwerdung des Sohnes Gottes, der von den Toten erstand, ist ein Dorn in unserem Verlangen, Gott auf Abstand zu halten und die Kontrolle über unser Leben zu behalten. Der christliche Gott ist in der Tat wie ein »Dieb in der Nacht« (vgl. Mt 24,43), der uns aus dem Schlaf reißt und in unser Haus einbricht. Jesus selbst gebraucht dieses Bild – und das ist nicht das Bild einer fernen, unpersönlichen Gottheit, sondern eines Gottes, der in unser Leben eingreift.

Gefühle können täuschen

Nette Menschen geben uns, wie ich bereits ausführte, ein gutes Gefühl. Sie zaubern ein Lächeln auf unser Gesicht, wir lachen über ihre Witze oder wir fühlen uns durch ihren Gesang oder ihre Gesellschaft unterhalten, aber wir sprechen mit solch netten Menschen nicht über unsere Schmerzen und Ängste. Warum? Weil wir intuitiv wissen, dass wir von ihnen nicht erwarten, unsere Gefühle und Stimmungen zu teilen, unser Leid mitzutragen, oder auch nur ehrlich zuzuhören. Eine nette Person sagt »Das wird schon wieder«

oder »Es ist gar nicht so schlimm«, aber sie würde nicht schweigend mit uns in den Asche gewordenen Ruinen unseres Lebens sitzen und unsere Verzweiflung teilen.

Wir wissen das schon im Vorhinein, weil wir uns entschlossen haben, die nette Person nicht so sehr als Mensch, sondern als *persona*, als Maske für unsere angenehmen Gespräche, zu sehen. Nettigkeit ist eine sentimentale Tugend, weil sie das Gefühl des Angenehmen künstlich erzeugt. Daher wird aus dem Horizont des Netten alles verbannt, was negative Gefühle erzeugen kann. Sentimentalismus ist aber nur ein Zustand des Gemüts und als solcher immer weniger wert als eine Handlung, die immer auf einen Gegenstand zielt. Und darin liegt das Problem: Wenn ich ein sentimentaler Mensch bin, dann konzentriere ich mich geradezu zwanghaft darauf, das richtige Gefühl zu haben, jage ihm beständig hinterher, ersticke dabei aber meine persönliche Reifung. Ich bleibe auf dem narzisstischen Niveau eines Zweijährigen, der meint, die Welt existiert, um seine Wünsche zu erfüllen.[80] Nicht sentimentale Menschen, d. h. solche, die sich einen Sinn für die Werte des wirklichen Lebens erhalten haben, weisen ein natürliches Bewusstsein für die Schalheit dieser Gefühlsdroge auf. Daher teilen sie ihre Erfahrungen von Leid und Schmerz nur mit denen, die auch zuhören können, mit Menschen, die nicht immer Masken tragen und auf Stimmungsfang sind.

Will Gott, dass wir glücklich sind?

Unsere Gesellschaft hat selbst Gott in einen Sentimentalisten verwandelt. Mir wurde das immer klarer, als ich verfolgte, was Kinder heute im Religionsunterricht mitbekommen. Die erste Wahrheit, die man dort vorgestellt bekommt, ist, dass Gott jeden glücklich wissen will. Einige Eltern werden jetzt einwenden, dass das doch weitaus besser sei als ein Gottesbild, das die Kinder ängstige.

Nun, ich habe kein solches vorgeschlagen, aber ich glaube nicht, dass sich der Glaube an den Schmuse-Gott über die Firmung hinaus halten wird. Kinder haben einen natürlichen Sinn für Gerechtigkeit und für echte Freude. Sie wissen, dass es schlecht wäre, wenn jeder seinen Wünschen gemäß glücklich wäre – das wäre die Erfüllung des Narzissmus. Gott will das Beste für uns – ewige, höchste Glückseligkeit –, aber das bedeutet eben keine Schmerzlosigkeit auf der Erde, und es scheint mir, dass man hier einfach oft genug einen Zuckerguss-Gott verkauft anstatt den Gott der christlichen Tradition. Oft genug höre ich nämlich gerade das. C. S. Lewis hat das prägnant zusammengefasst: »Wir wollen eigentlich gar keinen Vater im Himmel, sondern einen Großvater – eine senile Wohlfahrtsinstanz«[81], die für unser irdisches Wohlergehen zuständig ist.

So ein Gott könnte existieren. Er würde uns weitgehend in Ruhe lassen, uns Wohlfahrtsmittel, Glücksgefühle und gute Gesundheit zukommen lassen, aber sich sonst nicht viel um uns kümmern. Einige werden wahrscheinlich einwenden, so ein schwacher Großvater-Gott würde doch unsere Freiheit und unsere Bedürfnisse respektieren. Nein, nicht wirklich. Denn ein Elternteil, das seinen Kindern alles gibt und sie von jedem unangenehmen Gefühl fernhält, erzieht sie zu Monstern. Mir wäre es lieber, wenn meine Kinder physische Schmerzen erleiden, als ihre Seelen verkümmern zu sehen.

Das gilt auch für den Gott und Vater Jesu Christi. Er liebt uns und will, dass wir umgestaltet werden. Der heilige Paulus vergleicht diesen Prozess mit den furchtbaren Schmerzen der Kindsgeburt (vgl. Röm 8,18–23). Es ist für immer mehr Menschen unvorstellbar, dass Gott Schmerz und Übel zulässt (nicht schafft!), um eines größeren Gutes willen. Viel zu viele Kirchen haben aber, anstatt auf diese Weisheit der Tradition hinzuweisen, den senilen Großvater-Gott von Lewis gepredigt, der wie ein Portier im Hotel jedem ein Lächeln schenkt, aber mit unserem Leben nicht viel zu tun hat. So ein Gott ist außerhalb unseres wirklichen Lebens, und nicht wirklich wert, sich mit ihm zu unterhalten, was wir gewöhnlich Gebet nennen.

Ja, für viele ist das Gebet heute nichts anderes als ein Werkzeug, um sich »besser zu fühlen« oder um Sorgen loszuwerden. Es ist nichts Falsches daran, Gott mit unseren Nöten zu behelligen, ihm unser Herz auszuschütten, oder um bestimmte Dinge zu bitten, aber es kommt darauf an, wie wir es tun. Wenn wir beten, weil wir im Gebet dieses Gefühl der Tröstung verspüren, dann suchen wir nicht Gott, sondern dieses Gefühl. Wir machen Gott dann zu einem Teil unseres Wellness-Programms, und das ist eigentlich ein Missbrauch Gottes. Jeder große Mystiker wusste, dass das Gebet nicht so sehr uns angeht, sondern Gott, und dass die Tröstung ein Geschenk ist, das sich schnell verflüchtigt, wenn man in der Freundschaft mit Gott gewachsen ist. Es ist eine Versuchung, auf diesem niedrigeren Niveau zu bleiben, weil es sich besser anfühlt oder weil wir Angst haben vor der spirituellen Wüste, vor der dunklen Nacht der Seele, wie sie der heilige Johannes vom Kreuz nennt, die den Übergang zur nächsten Stufe ausmacht.

Aber diese trockenen Phasen des Gebetslebens sind eben auch eine wichtige Lernstufe, weil sie uns lehren, uns auf Gott zu konzentrieren und wie Gott uns wachsen sehen will im Vertrauen auf ihn. Diese Phasen können uns aufzeigen, wie Gott unseren Willen und nicht so sehr unseren Wissensdurst oder Intellekt durch Bilder und Gedanken führen will. So ist kein »netter und bequemer« Gott, aber einer, der wirklich liebt und uns auch wirklich will! Die heilige Thérèse von Lisieux litt immens, als sich Gott mit dem Schleier der Verborgenheit zurückzog, obwohl sie versprochen hatte, alles in ihrem Leben aus Liebe zu tun. Sie konnte seine Anwesenheit nicht mehr spüren! Auch die heilige Mutter Teresa von Kalkutta hatte eine ähnliche Erfahrung mit der dunklen Verborgenheit Gottes.

Warum sollte Gott aber dieses Gefühl seiner Abwesenheit erlauben? Zum einen hat die menschliche Natur Jesu eben diese Verlassenheit selbst gespürt, als sie am Kreuz hing. Aber warum? Unseretwillen: Denn es ist wichtig für uns zu lernen, dass wir Gott lieben sollten, wie er ist, und nicht für das, was er uns Gutes tut. Wie leer wäre eine Beziehung denn, wenn wir unseren Partner nur deswegen liebten, weil er uns Gutes tut oder gute Gefühle hervorbringt?

In Bezug auf Gott ist es wichtig zu erkennen, dass wir ihn lieben, weil er Gutheit schlechthin ist, Liebe schlechthin, Barmherzigkeit schlechthin! Nur eine Beziehung, die ehrlich ist, kann auch zur Liebe werden. Nur ein wirklicher Gott, der ein Interesse daran hat, dass wir ewig bei ihm sind, würde so handeln, wie sich Gott gegenüber der heiligen Teresa verhalten hat. Es geht darum, lieben zu lernen, ihn lieben zu lernen.[82]

Kein Gott der Nebensächlichkeiten

Wir haben eine Extremform des Wellness-Gottes erschaffen, indem wir Gebet und Gespräch mit ihm über die wichtigen Dinge des Lebens gestoppt haben. Stattdessen kommen wir nur noch mit Wellness-Problemen zu Gott. »Gib, dass ich eine Beförderung bekomme«, oder »Gib, dass ich im Lotto gewinne«. Aber Gebete wie »Mach, dass ich Dich jeden Tag mehr liebe« oder »Führe meine Wege in Deiner Wahrheit und Liebe« kommen uns immer weniger über die Lippen.

Unbewusst werden so die kleinen Dinge im Leben, was eigentlich mehr oder minder an den Rand gehört, ins Zentrum gerückt: Geld, ein gesichertes Haus, gesellschaftliches Ansehen, aber auch die Gesundheit. Das ist so, weil wir Pläne haben, wie unser Leben ablaufen soll, anstatt dem Heiligen Geist die Aufgabe zu überlassen, unser Herz zu erleuchten und uns die Wahrheit ins Ohr zu flüstern. Nein, Lebensplanung machen wir lieber selbst – diese wollen wir nicht an Gott abgeben.

Die Idee, die dahinter steckt, ist die des fernen Gottes, mit dem man eigentlich nicht reden kann. Sie kommt aus den Jahren um 1700 und wird meist Deismus genannt. Am Anfang war sie dazu gedacht, einen Dialog von Naturwissenschaft und Religion herbeizuführen. Die Naturgesetze hatten die Theologen so beeindruckt, dass sie auf die Idee kamen, dass Gott diese, einmal eingerichtet, einfach wie ein Uhrwerk ablaufen ließe, weil es mit seiner Majestät unvereinbar wäre, in den Prozess der Welt einzugreifen. Das Universum wurde so gedacht wie das Farmhaus eines englischen Bauern; er muss die Felder bestellen, aber den König kann man mit Details nicht behelligen. Gott wurde zum »König« im Himmel, den man am besten nicht belästigt.

Was die Deisten aber nicht realisierten, war, dass ihr Bild des majestätischen Gottes nur das Spiegelbild ihrer eigenen Staatsformen war. Da wurde also der biblische Gott mit einem absolutistischen König vertauscht. Dieser König war aber weniger um das Seelenheil als um die Wohlfahrt aller bekümmert, die er jedoch an Institutionen delegierte. Mit Einzelanfragen konnte man ihn nicht belästigen.

Obwohl die meisten Kirchen die radikalen Formen des Deismus ablehnten, hat er es dennoch unterschwellig geschafft, sich in der Theologie zu etablieren. Man erklärte Gottes Vorsehung als die Naturgesetze und meinte den Glauben vernünftiger zu machen, wenn man darlegte, dass Gott in der Welt nicht tätig sei. Die Idee des »allgemeinen Willens« Gottes kam ins Spiel, um die ewigen Gesetze des Universums zu erklären, während der spezielle Wille Gottes sich auf die Weltgeschichte bezog. In Letzterem blieb allerdings nicht viel für die Vorsehung übrig, vor allem nicht im Leben der Menschen ohne Macht und Einfluss, und vor allem mussten das Leid und der Schmerz der Menschen unerhört bleiben.

Hatte man sich einmal vom Ohr Gottes losgerissen, suchten die Menschen nach einem Ersatz für ihren verlorenen Freund und erfanden Mechanismen, um mit ihrem Schmerz umzugehen. Im 20. Jahrhundert wandten sich viele der Psychotherapie zu, heute aber dem Gesundheitswahn. Weil wir unfähig sind, dem Schmerz unseres Lebens, der absoluten Gewissheit unseres Sterbens, ins Angesicht zu sehen, haben wir den Glauben an ein schmerzfreies Leben erfunden, an das gesunde Leben als höchstes Gut! Dieser Gesundheitswahn wurde zur neuen Religion mit ihren eigenen Dogmen, Ritualen und Priestern. Ärzte und Fitnesstrainer haben die Rolle der Pastoren übernommen und sind die neuen »Life-Coaches« (Lebenstrainer und -berater). Dieses Gebaren ist umso fragwürdiger, da Gesundheit ja als Abwesenheit von Krankheit und Schmerz definiert wird. Doch wie kann eine schmerzlose Existenz, die wie der deutsche Mediziner Manfred Lütz errechnet hat, nicht einmal zehn Prozent in einem Menschenleben ausmacht, höchstes Gut sein?[83]

Keinem der großen Denker in der Geschichte der Menschheit ist es eingefallen, die Gesundheit als höchstes Gut zu sehen – bis jetzt. Warum das? Keine Generation hatte so viel Angst vor Schmerz und Tod wie die unsere. So viele glauben, dass es da »draußen« jemanden gibt, mit dem sie ihre Ängste teilen können und der sie versteht. Taylor Caldwell, eine amerikanische Schriftstellerin, hat dies in ihrem bemerkenswerten Roman *Der Zuhörer* ausgedrückt. Sie ist sich sicher, dass es das »grundlegende, wirkliche Bedürfnis des Menschen ist, sein schrecklichstes Bedürfnis, jemanden zu haben, der ihm zuhört, aber nicht als Patient, sondern als menschliche Seele. Er braucht jemanden, dem er sagen kann, was er denkt, mit dem er über sein Staunen reden kann, wenn er entdeckt, warum er geboren wurde, wie er leben muss, und wo sein Schicksal liegt. Die Fragen, die er dem Psychiater stellt, sind nicht die seines Herzens, und die Antworten sind nicht die, die er braucht.«[84]

Nicht, dass Sie mich falsch verstehen. Gesundheit ist ein hohes Gut, aber es zum höchsten zu stilisieren ist Götzendienst. Die mittelalterlichen Christen führten die Reichen zu den Särgen bereits verwesender Leichen, um sie mit der Endlichkeit ihrer Macht und ihres Ansehens zu konfrontieren. Die Barockzeit brachte in ihren Kirchen lachende Skelette an, um anzuzeigen, dass der Tod jeden gleich macht, ob Bettler oder Kaiser. Statt dieses Realismus haben wir uns damit abgefunden, vor dem Tod wegzulaufen, und uns für ein nettes, bequemes Leben entschieden, aus dem man den Schmerz ausklammert. Viel lieber sollten wir das Angebot Jesu annehmen, den Tod zu überwinden und unsere irdische Leibesform in einen anderen umzuwandeln.

Lebensqualität ist nicht gleich »Wahl«

Was macht Ihre Lebensqualität aus? Ich würde wahrscheinlich als Erstes die Liebe der Menschen um mich herum anführen, Zugang zu sauberem Wasser und Nahrung, und die Fähigkeit, die wesentlichen Dinge auszuführen, die ich mag. Wenn Gesundheit wirklich das höchste Gut wäre, würden unsere Regierungen viel mehr für die Gesundheitsvorsorge und die Krebsforschung ausgeben.

Kann ich denn eine hohe Lebensqualität haben, wenn ich einen Herzfehler habe und keinen Marathon laufen kann, oder eine Nussallergie und daher keine Nougatschokolade essen kann? Natürlich! Denn selbst mit solchen Beschränkungen bin ich zwar nicht vollkommen gesund, aber schließlich ist niemand wirklich vollkommen gesund. Wir benutzen zwar Standards, nach denen wir unser Cholesterin messen, unseren Blutdruck und so weiter, aber je mehr Faktoren wir in Betracht ziehen, desto höher ist die Chance, dass wir Daten in unserem Körper finden, die nicht »optimal« sind. Das bedeutet aber nicht, dass so ein Mensch krank ist. Gesundheit ist ja nicht die *vollkommene* Abwesenheit von Defekten, sondern die Abwesenheit von Defekten und Krankheiten, die mich davon *abhalten*, das zu tun, was ich tun will.

Das bringt mich zu dem eigenartigen Problem, dass die Definition von Lebensqualität und Gesundheit stark von mir selbst abhängt, von meiner Wahl. Natürlich kann ich mich nicht dazu entscheiden, ohne Krebs zu sein, oder plötzlich meine Querschnittslähmung zu überwinden, aber ich kann mich sehr wohl dafür entscheiden, das Beste aus der Situation zu machen und meine Lebensqualität zu definieren. Jeder hat irgendeine Begrenzung, auch wenn sie oft nicht sichtbar ist, und so sollten wir uns über diese Gemeinsamkeit bewusst werden, ebenso wie über die, dass wir alle sterben werden. Wenn ich nun das irdische Leben als Pilgerreise verstehe, wie es die mittelalterlichen Christen taten, dann ist auf einmal die Länge der Reise gar nicht mehr so entscheidend, sondern vielmehr, ob man sich auf dem richtigen Weg befand oder gar das Ziel erreicht hat. Es ist aber gerade hier, wo die Gesundheitsreligion das Christentum in die Ecke treibt.

Das neue Dogma dieser Religion ist schließlich, man muss so lange leben wie möglich und so unabhängig wie möglich. Man muss fit sein, um Krankheiten zu vermeiden, die das Leben verkürzen. Nun, das versuche ich auch, da ich eine Verpflichtung fühle, an meinem Leib keinen Raubbau zu treiben, der ja schließlich der Tempel des Heiligen Geistes ist. Aber das Wohlergehen des Leibes ist nicht das höchste Gut. Ich wünschte, dass selbst Christen, die den Gottesdienst besuchen, genauso viel Andacht im Gebet aufbrächten wie für Gesundheitskochshows oder das Bio-Fitness-Magazin. Machen Sie einfach ein Experiment. Erzählen Sie jemandem, dass Sie nicht die Absicht haben, 90 Jahre alt zu werden, sondern Ihr Leben lieber genießen – nicht etwa dadurch, dass Sie nun zu viel Alkohol oder Fett konsumieren, sondern einfach indem sie tun, was Sie mögen. Man wird wahrscheinlich ein Stirnrunzeln zur Antwort bekommen. Denn es wird geglaubt, dass man dem Tod so lange wie möglich von der Schippe zu springen hat; wie konnte jemand den Tod als »Bruder Tod« willkommen heißen? Alle Vitaminpräparate verlängern nur das Unausweichliche, aber wir meinen oft unbewusst, dass wir nur lange genug leben müssen, bis die Medizin ein Mittel gegen den Tod gefunden hat, oder vielleicht unser Gehirn auf einem Computer abspeichern kann, sodass wir auf ewig in der Maschine leben. Die meisten würden das nie offen zugeben, aber die Tatsache, dass sich immer mehr Menschen nach ihrem Ableben einfrieren lassen, spricht doch dafür. Die Gesundheitsreligion will uns ablenken, uns mit Fitness und rohem Gemüse dazu bringen, zu glauben, wir könnten dem Tod entkommen, aber sie gibt uns keine Hilfe, dem Tod ins Gesicht zu schauen. Nur Gott kann das!

Die wirkliche Tragödie ist, wie schnell und widerstandslos diese Religion das Christentum ersetzt hat. Aber wenn Gott erst einmal am Rande steht und nur sonntags aus dem Küchenbuffet geholt wird, dann durchwirkt er unser Leben schon nicht mehr. Er ist uns dann so fremd, dass wir auch nicht mehr zu ihm kommen, um Heilung für unsere Seele zu suchen. Wenn wir Gott verloren haben, dann haben wir die Möglichkeit verloren, ihm unser Herz auszuschütten und ihm unsere Wunden zu zeigen, sodass er uns heilen kann.

Immer wenn ich Zweitklässler auf die erste Beichte vorbereite, erzähle ich ihnen eine Geschichte: Stell dir vor, du gehst zum Arzt, biegst dich vor Schmerz, aber jedes Mal, wenn der Arzt dich fragt: »Wo tut es weh?« oder »Was ist der Grund deines Schmerzes?«, bleibst du stumm. Es wird dem Arzt fast unmöglich sein, selbst für den begabtesten Diagnostiker, die Krankheit festzustellen, die dir den Schmerz verursacht. Mit der Beichte ist es genauso: Wir müssen Gott sagen, was mit uns nicht stimmt; nicht als ob er es nicht wüsste, sondern weil es gut für uns ist und weil wir so dem Arzt unserer Seele, Christus, erlauben, die Wunden unserer Sünden zu heilen, wie wir auch dem Hausarzt erlauben, uns zu behandeln. Wir geben uns in seine Hände.

Keiner hat das wohl besser verstanden als der Vater der modernen Psychotherapie, Sigmund Freud, der in den 1930er-Jahren die

Kraft der Aussprache entdeckte: Wenn Patienten über ihre traumatischen Erfahrungen und Träume berichteten, eröffnete sich plötzlich die Möglichkeit der Heilung. Doch wie bei einem Therapeuten ist das Aussprechen nur die halbe Heilung, der Patient muss sich öffnen für eine neue Realität und sich ändern. Einfach nur einen Einkaufszettel von Sünden aufzusagen, wird einem nicht viel geistlichen Fortschritt bringen. In diesem Fall wollen wir nämlich gar nicht die Heilung, sondern nur die Vergebung, im Bild des Arztes, wir wollen nur das Rezept, aber keine aufwendige Operation, die doch viel besser wäre! So wird Gott aber noch weiter von uns gestoßen; wir schauen gar nicht mehr auf das Kreuz als Quelle des Heils, sondern suchen Heilung nur noch in der Medizin, Fitness, den Vollkornflocken und den Antidepressiva.

Der mentale Teddybär

Dieselben Menschen, die während einer Predigt einschlafen, haben kein Problem damit, dreihundert Seiten über Spurenelemente zu lesen oder die hundertste Fernsehsendung über die Kraft der Vitamine anzusehen. Aber man kann darüber nicht scherzen, da die Gesundheitsreligion, wie Manfred Lütz gezeigt hat, keinen Humor besitzt. Ich habe einmal einem Freund, der sich dazu entschieden hatte, jeden Tag zwei Kilometer zu joggen, gesagt, er werde nun wahrscheinlich eine Woche länger leben. Während ich lachte, verzog mein Freund das Gesicht und sah getroffen aus, da ich seinen Glauben, dass Gesundheit und langes Leben die größten Werte seien, mit einem Witz infrage gestellt hatte. Im Vergleich mit der Ewigkeit sind schließlich eine Woche oder gar ein paar Jahre nichts!

Alle großen monotheistischen Religionen, also Judentum, Christentum und Islam, lehren, dass die Gesundheit ein Gut ist, für das man dankbar sein soll, aber auch, dass das höchste Gemeinschaft mit Gott im Himmel ist. Keiner der großen Philosophen, sei es Platon, Aristoteles, Thomas von Aquin, Kant oder Nietzsche, haben oder hätten ein so zerbrechliches Gut wie die Gesundheit als das höchste bezeichnet. Doch auf Partys und Geburtstagsfeiern höre ich immer wieder: »Ich wünsche dir Gesundheit. Das ist das wichtigste im Leben.« Wirklich?

Fanatiker der Gesundheitsreligion entscheiden sich, die generelle Angst vor dem Tod zu ignorieren. Sie füttern uns mit der Illusion, dass das Leben unendlich verlängert werden kann. Wiederum, keiner von ihnen würde das wahrscheinlich offen bekennen, aber wenn sie ehrlich mit sich wären, würden sie realisieren, wie leer und schal es ist, Gesundheit als höchstes Gut zu bezeichnen. Der deutsche Philosoph Odo Marquard hat diese Ideologie eines angeblich vollkommenen irdischen Lebens, in dem die Gesundheit die Hauptrolle spielt, als »mentalen Teddybären«[85] der heutigen, kindischen Erwachsenen bezeichnet.

Als Gott zum Atheisten wurde

Der fleischgewordene Gott ist nicht nett und bequem, weil er sich nicht davon ausnahm, die Schmerzen menschlicher Existenz zu ertragen; und er lebte ein kurzes, nur dreißig Jahre währendes Leben. Seit den frühesten Zeiten des Christentums gab es die Überzeugung, dass der Schmerz, den Jesus erlitt, keine Maskerade oder Vortäuschung war, sondern wirklich, dass eine Person der Heiligen Dreifaltigkeit gelitten hat!

Das bedeutet natürlich nicht, dass der ewige Gott leidet, sondern nur, dass die göttliche Person, die mit der menschlichen Natur in Jesus Christus verbunden war, gelitten hat. Das klingt zwar alles ein wenig kompliziert und es wäre einfacher zu sagen, Gott habe gelitten, wie es manche Prozesstheologen sagen. Diese Ausdrucksweise enthält aber ein Riesenproblem: Wenn Gott in seiner Ewigkeit leidet, wie kann er dann der Garant dafür sein, unser Leid zu beenden? Mit anderen Worten, wie kann die kranke Person Heiler und Geheilter sein?

Daher haben die meisten Theologen erkannt, dass die alte Formulierung, dass ein Teil der Dreifaltigkeit gelitten hat, so wie ich es oben erklärt habe, immer noch die beste und weiseste Erklärung ist. Nur die menschliche Natur Jesu Christi hat gelitten! Es ist aber bemerkenswert, einen Moment dabei zu verweilen, weil wir oft genug nur Passion und Kreuzigung Jesu mit seinem Leiden identifizieren. Ein genauerer Blick auf Jesu Leben enthüllt aber mehr.

Wenn wir die Evangelien lesen, dann begegnen wir einem Mann, der an das Leiden gewöhnt ist. Palästina im 1. Jahrhundert der allgemeinen Zeitrechnung war kein bequemer Ort, um aufzuwachsen, und so müssen wir annehmen, dass er Kinderkrankheiten erduldet hat, von denen viele für Maria wohl lebensgefährlich erschienen. Schon früh erfuhr er den Verlust seines Stiefvaters Josef. Wir wissen nicht, wie alt er dabei war, aber Jesus muss wohl ein Teenager oder in seinen Zwanzigern gewesen sein, denn Josef brachte ihn mit zwölf Jahren zum Tempel (vgl. Lk 2,41–52).

Wie Eltern von Teenagern bestätigen können, jemanden in dieser wichtigen Lebensphase zu verlieren, ist ein tiefer Einschnitt. Der biblische Text gibt uns leider nichts an die Hand, was Jesus gefühlt hat, aber er muss wohl eine Einsamkeit erfahren haben, wie er sie viele Jahre später im Garten von Gethsemane erfuhr. Auch ist es wahrscheinlich, dass Jesus durch seine Stiefgeschwister Neffen und Nichten hatte und eine ganze Reihe von Cousins, neben Johannes dem Täufer. Damals herrschte aber eine extrem hohe Kindersterblichkeit und nichts spricht gegen die Möglichkeit, dass er Trauer über seine verstorbenen Verwandten fühlte. Die Nachbarn in Nazareth, mit denen er aufgewachsen war, wollten ihn gar umbringen, weil er sie in der Synagoge brüskierte (vgl. Lk 4,16–31). Schlussendlich erfuhr er den Schmerz des Verrates seiner engsten und besten Freunde, Judas und Petrus, aber auch, dass er von seinen anderen Jüngern im Stich gelassen wurde. Das Markusevangelium (vgl. 14,51) illustriert dies wunderschön: Ein Jünger, der bei Jesu Verhaftung von den Tempelwachen angehalten wird, springt aus seinen Kleidern und läuft nackt davon – in einem Zustand größter Scham, um ja nicht mit Jesus verhaftet zu werden.

Der Höhepunkt des Leids ist aber ein anderer. Es ist weder die Dornenkrone noch die Nägel an Händen und Füßen oder das langsame Ersticken. Jesu Schrei am Kreuz »Mein Gott, mein Gott, warum hast du mich verlassen« (Mt 27,46) ist der Ausdruck des Verlassenseins im Moment des Todes, auch wenn er Teil des Psalmengebetes eines frommen Juden ist. Jeder Mensch stirbt doch immer allein, auch wenn er von anderen begleitet wird. Dadurch, dass die menschliche Natur Jesu sich in den Abgrund der Dunkelheit fallen lässt, scheint es so, als ob Gott für einen Moment selbst zum Atheisten würde, oder, wie G. K. Chesterton schrieb: »Als die Erde erbebte und die Sonne am Himmel erlosch, geschah es nicht wegen der Kreuzigung, sondern wegen des Schreis, der vom Kreuz kam und der bekannte, dass Gott von Gott verlassen war. Und nun mögen sich die Anhänger der Revolution unter den Religionen einen Glauben und unter den Göttern der Welt einen Gott aussuchen, sie mögen alle Götter, deren Wiederkehr unausweichlich und deren Macht unwandelbar ist, sorgsam vergleichen, sie werden keinen zweiten Gott finden, der selbst Rebell war. Mehr noch … auch die Atheisten mögen sich einen Gott aussuchen. Sie werden nur einen einzigen finden, der ihre Einsamkeit in Worte gefasst hat, nur eine einzige Religion, in der Gott eine Sekunde lang Atheist zu sein schien.«[86]

Jesu Schrei am Kreuz sollte daher als der ultimative Beweis verstanden werden, dass Gott unsere Ängste wirklich kennt, uns zuhört und unseren Schmerz in etwas Wunderschönes verwandeln kann, wie die Auferstehung zeigt. Die Tatsache, dass der fleischgewordene Gott sich verlassen fühlt, sollte uns daran erinnern, dass der christliche Gott nicht bequem ist und nicht »nett«: Er hat vielmehr Zeit, uns mit echter Barmherzigkeit zuzuhören, weil er alles selbst erlitten hat.

Der Gott, der uns antwortet

Selbst wenn Gott unsere Gebete hört, antwortet er denn auch auf sie? Haben wir es denn jemals wirklich erlebt und erfahren, dass ein Gebet erhört wurde? Manchmal vielleicht. Oft aber meinen wir, Gott erhört uns sowieso nicht. Jeder, der betet, kann dazu sicher etwas sagen. Sogar viele Heilige wie Mutter Teresa von Kalkutta haben ab und an nicht mehr die Tröstung des Gebets verspürt, aber trotzdem weitergebetet, weil sie wussten, dass Gott sie in der überraschendsten Weise erhören wird, immer wenn wir es am wenigsten erwarten.

Wenn Gott bequem wäre, dann würde er zu allem Ja und Amen sagen, und jedes Gebet so erhören, wie wir es gerne hätten. Wäre das aber wirklich gut? Wie oft bete ich denn selbstsüchtig und vergesse, was wirklich wichtig ist im Leben? Ich bete auch gelegentlich, dass ich ein Forschungsprojekt genehmigt bekomme, oder bei fünf Kindern um eine Gehaltserhöhung, oder dass wir von der Magen-Darm-Grippe verschont bleiben, die in der Schule grassiert. Das ist auch nicht schlecht – es ist gut, alles zu Gott zu bringen, was uns bewegt, aber wir dürfen nie erwarten, dass er unser Rufen so erhört wie wir das wünschen.

In diesen Momenten denke ich immer an die lateinische Übersetzung des Vaterunsers, die anstatt »Gib uns unser täglich Brot« uns daran erinnert, dass hier nicht vom irdischen Brot die Rede ist, oder nicht nur. Denn das griechische Original des Textes hat das Wort *epiousion* für »täglich«, obwohl es sonst nirgends vorkommt. Es ist also eine recht gewagte Übersetzung. Wörtlich heißt es eigentlich »dasjenige, was darüber hinaus ist«. Und so übersetzt es auch die lateinische Bibel, die Vulgata, als »supersubstantialis«, als das, was jenseits unseres irdischen Seins ist. Das »Darüber-hinaus-Brot« – was soll das sein? In der christlichen Tradition wurde darunter bis ins 16. Jahrhundert ausschließlich das Brot der Eucharistie verstanden. Wenn wir darüber einen Moment nachdenken, dann wird klar, warum das für unser Verständnis des Gebets wichtig ist: Wir bitten Gott um etwas Materielles, das wir zum Überleben brauchen, Brot, aber wir sollen dabei nicht die übernatürliche Wirklichkeit vergessen, das Brot der Eucharistie! Beide gehören zusammen. Wie ein Elternteil lehrt uns Jesus im Vaterunser, wie wir beten sollen und wie wir das Wichtigste zuerst und dann das Zweitwichtigste erwähnen sollen. Gib uns heute unser übernatürliches Brot – und hilf uns, dass wir die Eucharistie als Tor zum ewigen Leben empfangen, aber gib uns auch das Brot, das unseren Körper nährt.[87]

Ist unser Glaube das Martyrium wert?

Wenn wir über das Gesagte nachsinnen, dann folgt daraus, wie ich glaube, dass ein bequemer und netter Gott selbst nicht leiden würde und dass auch nette Menschen vor dem Leid davonlaufen. Das sollte eigentlich ein Weckruf sein. Ist die Religion, in der wir leben, für uns wirklich etwas wert? Würden wir dafür unser Leben geben?

Hoffentlich muss niemand von uns diese Entscheidung treffen, aber das Christentum ist die am meisten verfolgte Religion in der Welt und zahllose Märtyrer haben sie mit einem Ja beantwortet. Wir sollten uns fragen: Ist dieser Glaube es wert, dass er mein Leben formt? Oder, anders gesagt, ist er es wert, dass ich ihm alles in der Welt unterordne?

Ich sage meinen Studenten immer: »Wenn Ihr Glaube keine Opfer wert ist, dann sollten Sie ein gutes Hobby finden und Ihre

Zeit nicht mit dem Kirchgang verschwenden.« Zuerst sind die Studenten schockiert, aber nach einiger Zeit sinkt die Botschaft in ihr Herz, dass Religion nur dann etwas bewirkt, wenn wir sie in uns wirken lassen, und dafür muss anderes hintangestellt werden. Wenn man nur am Sonntag religiös ist, dann ist die Religion wie ein Ornament auf dem Weihnachtsbaum – sie bringt keine Wirkung hervor. Auch das Gerede, man sei spirituell und nicht religiös, geht in diese Richtung: Es ist freischwebendes Wohlgefühl ohne jeglichen Aufwand und ohne Opfer. Es ist wie ein One-Night-Stand – ohne Verpflichtung, ohne Liebe, ohne innere Beteiligung.

In der Geschichte des Christentums finden wir zahllose Märtyrer, die ihr Leben für den Glauben gaben. Soziologen bestätigen, dass Märtyrer die glaubwürdigsten Vertreter einer Religion sind, und Außenseiter wundern sich manchmal, was sie dazu motivieren konnte, eher ihr Leben zu geben als ihr Credo abzulegen. Es scheint völlig widersinnig zu sein, dass Menschen einer Religion folgen, die hohen Einsatz verlangt, sogar des eigenen Lebens, aber die Wirtschaftswissenschaften und Soziologen kommen zum Ergebnis: Eine Gruppe, die hohe Kosten und hohen Einsatz von den Mitgliedern verlangt, sei es auch Verfolgung oder andere Formen der Opferbereitschaft, ist wenig attraktiv. Bei Religionsgemeinschaften aber trifft das interessanterweise nicht zu. Dort verzeichnet man größere Zustimmung und Einsatz, je höher die Kosten der Mitgliedschaft sind. Der Soziologe Rodney Stark erkärt, dass zwei Dinge dafür verantwortlich sind. Erstens: Dadurch, dass man Opfer verlangt, eliminiert die Religion sogenannte »free-riders,« also solche, die sich einschleichen, um sich an den Wohltaten der Religion zu laben, sich aber nicht einbringen. Zweitens erhöht die Opferbereitschaft und das Opfer die Beteiligung der Mitglieder, weil der erwartete »Lohn« höher ist, wie es ja schon in der Bergpredigt heißt. Deswegen ist die gegenwärtige kirchliche Verwässerung von Lehre und Disziplin, die immer weniger Ansprüche an den einzelnen Katholiken stellt, um möglichst jeden anzusprechen, kontraproduktiv. Erstens wird man nie jeden »ansprechen«, zweitens ist das Christentum eben keine Fühl-dich-gut-Gruppe und drittens ist es demografischer Selbstmord, wie die Soziologie nahelegt.[88]

Der Gott Abrahams, Isaaks und Jakobs ist nicht nett und bequem, wenn er seine NachfolgerInnen dazu aufruft, ihm nachzufolgen, im Notfall auch seinen Namen mit dem Blut zu bezeugen. Sein Anspruch beinhaltet auch die Erfüllung moralischer Erwartung, aber vor allem Gott an die erste Stelle zu setzen, nicht nur sonntags, sondern immer. Diese Anforderung läuft sicherlich unserer menschlichen Natur zuwider, wie auch den gesellschaftlichen Erwartungen, autonom zu sein; denn gewöhnlich denken wir uns Gott als den, der uns tun lässt, was wir wollen, und den wir mit ein paar Gebeten pro Woche zufriedenstellen.

Ein bequemer Gott wäre es nicht wert, ihm viel Beachtung zu schenken. Er könnte uns nicht ernst nehmen, weil er dem Schmerz entfliehen würde, und als Allmächtiger könnte er es auch. Ein netter Gott würde grundsätzlich kein Interesse an unserem Leiden haben, aber auch unsere tiefsten Freuden nicht teilen. Er wäre wie ungesalzenes Brot, ohne Geschmack. Viele Leute leben mit so einem Götzen und meinen, es sei Gott. Es ist natürlich viel leichter, so einen schwachen Götzen-Gott im Leben zu haben als einen wahren Gott, der einem etwas abverlangt, aber in den Momenten, wo uns das Herz zerreißt, werden wir so einen Götzen meist zerschlagen. Dann erkennt man nämlich unbewusst, dass der wahre Gott im brennenden Dornbusch wohnt und nicht im Wohnzimmerbuffet. Entweder den wahren Gott oder keinen – für alles andere ist die Zeit zu wertvoll.

11. DER GOTT DER WIEDERGEBURT

Nein, mit Wiedergeburt meine ich natürlich keine Reinkarnation wie in manchen östlichen Religionen, sondern die Wiedergeburt des Menschen in Jesus, die uns zu Freunden Gottes macht. Es ist die Wiedergeburt aus dem Tod der Sünde. Für viele in unserer Gesellschaft ist Sünde bereits etwas Exotisches. Sie haben den Glauben aufgegeben, dass die schwere Sünde die Freundschaft mit Gott zerstört. »Gott nimmt das alles nicht so ernst« hört man da; als ob Gott mit Mittelmäßigkeit zufrieden wäre! Ich frage mich sogar, ob es überhaupt eine Religion gibt, die lehrt, Gott sei mit unterem Mittelmaß zufrieden – ich bezweifle es. Sogar Christen, die in die Kirche gehen, habe ich sagen hören, dass sie die Erbsünde nicht verstünden.

Nach einer Taufe sagte mir eine Frau: »In meinen Augen hat dieses Kind doch nichts Böses getan. Ich kann keine Ursünde oder Erbsünde an ihm entdecken.«

An der Aussage sind eine ganze Reihe von Dingen falsch. Zuerst einmal kann man Sünde fast nie sehen, weder an einem Baby noch an einem Erwachsenen. Deswegen sollten wir auch nie den Stand der Gnade anderer beurteilen: Wir wissen ja nicht, ob sie eine schwere Sünde begangen haben, außer wir haben es selbst gesehen, und selbst dann wissen wir nicht, ob diese Person nicht zur Beichte gegangen ist und sich mit Gott versöhnt hat, oder vielleicht auch nicht voll schuldfähig war. Zweitens und viel wichtiger aber ist die Tatsache, dass hier ein Missverständnis der Erbsünde vorliegt. Und wenn wir diese falsch verstehen, dann missverstehen wir auch Gott, Jesus und die Heilsgeschichte, sodass eine Klärung erforderlich erscheint.

Was Ursünde ist und was nicht

Sie werden schon bemerkt haben, dass ich lieber von Ursünde spreche als von Erbsünde. Beide bedeuten das Gleiche, aber Erbsünde wird meines Erachtens noch viel leichter falsch verstanden, weil man irgendwie meint, wie ich das oft gehört habe, dass die Sünde in unserer Erbsubstanz ist.

Viele lehnen die Ursünde ab, weil sie angeben, ein Problem damit zu haben, dass Gott ein so unvernünftiges Gebot erteilt hat, nämlich nicht von einem bestimmten Baum zu essen, obwohl er wusste, dass die Menschen dieses Gebot nicht halten würden. Daher erscheint ihnen dann die Bestrafung von Adam und Eva unfair und Gott, dessen Kirche die Ursünde als Dogma betont, wird dann als rachsüchtig oder unvernünftig beschrieben. Die Ursünde wird als Erfindung des heiligen Augustinus verschrien und als Inbegriff der Leib-und Sexualfeindlichkeit dargestellt.

Lassen Sie mich wiederum wiederholen, dass es hier nicht darum geht, ob Adam und Eva historische Personen waren, es geht auch nicht um Sex oder darum, den Leib zu hassen. Weit gefehlt! Und Augustinus hat das Dogma auch nicht erfunden, sondern in einer griffigen Weise formuliert, welche die Kirche weithin als beste Formulierung angenommen hat.

Ursünde ist nicht nur der Ungehorsam von Adam und Eva (als mythische Figuren verstanden), sondern in ihrem Kern eine Aussage über die Beziehung jedes Menschen zu Gott. Wir werden nun einmal nicht in eine Gemeinschaft der Heiligkeit geboren, sondern in eine zerbrochene Welt. Selbst die liebendste Familie ist irgendwie angeknackst, und was sie heil macht, ist die Gnade Christi, ist die Verankerung in Gott. In diese Gemeinschaft mit Gott wird aber niemand hineingeboren. Wir werden geboren als Menschen, als vernunftbegabte Tiere, als gebrochene Bilder Gottes. Niemand wird als Katholik oder Christ geboren – niemand. Wir werden Mitglieder der Kirche durch die Taufe. Weiterhin besagt Ursünde, dass die Verfassung des Menschen irgendwie gebrochen ist, dass in ihm eine Kluft zwischen dieser Gebrochenheit und seinem Verlangen nach Vollkommenheit und Glückseligkeit besteht.[89] Wir tragen ein Bild der Hoffnung in uns, ein Bild von einer Welt und uns selbst, das vollkommen ist, aber unsere Handlungen und unser Leben passen mit diesen Erwartungen und Hoffnungen nicht zusammen. Wenn wir diese schmerzhafte Gebrochenheit unserer Beziehungen realisieren, eine Welt von Gewalt und Täuschung, eine Gesellschaft des Missbrauchs, und sie mit unserem Verlangen nach Gerechtigkeit, Frieden, Schönheit, Wahrheit, Heiligkeit und Ganzheit kontrastieren, dann werden wir dieser Kluft gewahr.

Das Christentum akzeptiert diese Kluft nicht einfach und tröstet darüber hinweg, sondern erklärt sie mit dem Ungehorsam von Adam und Eva. Das bedeutet nicht, dass sich das historisch im Paradies abgespielt hat oder dass es sich um das Essen einer Frucht handelte: Die Geschichte vom Fall der Menschen ist ein Mythos, mit dem etwas Theologisches ausgedrückt wird, nämlich, dass die Menschen gegen Gott handeln. Die Frage, wann denn der Sündenfall stattfand und wo, ist daher völlig abwegig. Das zeigt uns das apokryphe zweite Buch von Henoch, das meint, das Paradies habe nur fünfeinhalb Stunden gedauert. So lange können Menschen selbstlos lieben ohne Gottes Hilfe – durchaus realistisch, wie ich meine. Das heißt, vergessen wir die Frage nach dem historischen Paradies und konzentrieren uns lieber darauf, was das Dogma aussagen will: Ohne Gott sind die Menschen ganz ihrem Ich-Trieb verfallen.

Die gebrochene Freundschaft mit Gott wird durch diesen Egoismus zerstört und ist in jedem Menschen zu finden. Man muss erst in die Kirche kommen um wiedergeboren zu werden, um Hilfe für die Heilung zu erlangen. Das katholische Dogma besagt also, dass die Taufe zwar unsere Ursünde abwäscht und uns so in die Kirche auferstehen lässt, dass wir Teil der Freunde Gottes werden, aber nicht, dass die Wirkungen des Aufstehens gegen Gott getilgt seien. Ohne Gott können wir eben nicht lange kerzengerade auf einem weißen Strich gehen; wir straucheln links und rechts, wir brauchen seine Gnade. Ohne Gott kommt es nie zu der Gerechtigkeit, die wir ersehnen, ohne Gott können wir unser Leben nicht in Einklang mit dieser Botschaft nach einer besseren Welt bringen. Die Ursünde bleibt zwar ein Glaubensgeheimnis, das man nicht beweisen kann, genauso wenig wie die Dreifaltigkeit, aber die Welt, in der wir leben, und die menschliche Wirklichkeit machen sie verständlich.

Wahre Freiheit

Wann immer ich die biblischen Texte des Buches Genesis in der Vorlesung behandle, Kapitel zwei und drei, dann frage ich meine Studenten, warum Gott von Adam und Eva verlangte, sie sollten nur von diesem Baum nicht essen. »Vielleicht wollte er sie testen«, höre ich als Antwort, oder »Weil er wusste, dass sie das nicht halten können«. Allerdings, meine ich, hat Thomas von Aquin eine bessere Erklärung geliefert – wie immer! Er schreibt, dass Mann und Frau von allem essen konnten, was ihr Herz begehrte, weil das moralische Gesetz ihre wahre Natur war. Es gehörte zu ihrer Grundausstattung, das Richtige zu tun. Daher bedeutete für sie das Befolgen moralischer Gebote keine wirklich tiefer gehende moralische Entscheidung – genauso wie es einen Menschen mit naturgegebener Geduld keine heldenhafte Überwindung kostet, nicht in einen Wutanfall auszubrechen, weil es eben nicht in seiner Natur liegt. Thomas fährt fort, dass Gott vom Menschen nur eines verlangte, weil er, Gott, es verlangte. Nur eines sollten sie tun, was nicht in ihrer Natur lag, und das war auch nicht viel. Er sagte daher im Mythos: »Und Gott, der Herr, gab dem Menschen dieses Gebot: Von allen Bäumen des Gartens darfst du essen. Von dem Baum der Erkenntnis des Guten und Bösen aber darfst du nicht essen. Denn am Tag, da du davon isst, musst du sicher sterben« (Gen 2,16–17). Mit diesem einen Gebot forderte Gott also beide heraus, ihm in Freiheit, aus Liebe, zu gehorchen.

Beide mussten nun eine Entscheidung fällen. Es wäre nun falsch zu sagen, dass beide gegen Gottes Willen handeln mussten, um ihre Freiheit zu gebrauchen, wie das manche Aufklärungsphilosophen sagten. Es ist grundfalsch zu sagen, dass sich die Menschheit erst im Akt des Ungehorsams von Gott emanzipiert. Denn schließlich kennt die menschliche Person ja erst durch und in Gott, zu was sie berufen ist. Wenn man dieses Gesetz also verletzt, dann wirft sich die Person auf sich selbst zurück, in den Abgrund des Ichs, während das Befolgen von Gottes Gebot eine Handlung vollkommener Freiheit wäre.[90] Deswegen verehren die Katholiken Maria und ihre Entscheidung, die Magd des Herrn und zur Mutter Jesu Christi zu werden. Die Frage, ob Maria »Nein« hätte sagen können, ist falsch gestellt: Denn Katholiken glauben, dass sie vom ersten Augenblick ihres Daseins ohne Ursünde war. Sie war frei von allem Egoismus, sie war dazu befreit, vollkommen frei zu sein. Denken wir etwa an einen Drogenabhängigen als Vergleich: Wenn wir diesen Menschen heilen können, sodass er nie wieder in Versuchung gerät, Drogen zu sich zu nehmen, ohne seine Freiheit auszulöschen (also keine Hypnose oder Ähnliches), wäre dieser Mensch dann nicht freier als einer, der ständig der Versuchung erliegt und sich das Heroin spritzt?

Ursünde ist demnach nie persönliche Sünde – das Neugeborene, das getauft wird, hat ja keine Sünde begangen! Es ist vielmehr eine Art Mitgliedschaft in der zerbrochenen menschlichen Gesellschaft, die sie darstellt. Wir werden eben nicht ins Volk Gottes geboren, sondern müssen in es hineintreten, zu adoptierten Kindern Gottes werden.

Diese Lehre erinnert uns also daran, dass wir als Menschen in einem Netz von Schuld gefangen sind, dass es kollektive Sünde und Zerstörung gibt, von der wir uns befreien müssen. Die Taufe bietet uns die Gnade an, die Urwunde, wie sie Benedict Groeschel nannte, zu heilen. Die Taufe nimmt uns aber nicht die Wunde selbst, auch nicht ihren Schmerz, aber sie versichert uns, dass Gottes Gnade sie einst vollständig heilen wird und wir nicht an ihr sterben müssen.[91]

Reue ist kein Katerfrühstück

Gott bestraft nicht nur unsere bösen Taten, sondern er bietet uns auch Erlösung und Vergebung an, wenn wir bereuen und bereit sind, in Christus wiedergeboren zu werden. Wir reden heutzutage viel zu wenig über die positiven Aspekte von Reue und Buße. Stattdessen machen wir uns über die Bußrituale des Mittelalters lustig oder den angeblich typischen »katholischen Schuldkomplex«. Andere, die supermodern sein wollen, meinen, Reue sei unnötig – es reiche schon, beim nächsten Mal alles besser zu machen.

Reue ist aber nicht die Furcht vor möglicher Bestrafung oder gar der sinnlose Wunsch, die Vergangenheit zu ändern (was ja unmöglich ist). Wenn das der christliche Reuebegriff wäre, dann wäre er Feigheit hoch drei oder einfach nur die Unfähigkeit, Verantwortung zu übernehmen.[92] Reue ist auch kein moralisches Katerfrühstück, das wir zu uns nehmen, nachdem die angenehme Seite der Sünde, wie der Rausch, langsam verblasst. Wenn die Furcht- oder die Katertheorie richtig wäre, dann wäre die Reue in der Tat bedeutungslos, oder schlimmer noch, sie wäre sogar gefährlich.

Die christliche Tradition hat die Reue daher immer als Selbstheilung der Seele begriffen, als einen Weg, verlorene Kraft wiederzugewinnen. Aber sie ist religiös noch viel mehr, nämlich »der natürliche Akt, den Gott der Seele verlieh, um zu Ihm zurückzukehren, wenn sich die Seele von Ihm entfernte.«[93] Max Scheler, der diese Zeilen schrieb, hatte eine wirklich wertvolle Einsicht: Er hatte analysiert, warum Menschen ein falsches Verständnis von Reue (Kater oder Furcht) haben, und realisiert, dass diese Missverständnisse von falschen Ideen über die Struktur des geistlichen Lebens herrührten.

Wenn wir uns im Akt der Reue an die Vergangenheit erinnern, dann erlösen wir sie und befreien die Gegenwart von ihrem Ballast. Es ist etwa so, als wenn wir aus einem Fluss die freischwimmenden Baumstämme nähmen, die ansonsten einen Damm zerstören oder anderen großen Schaden anrichten könnten. Im Erinnern unserer bösen Taten verkleinern wir den tödlichen Druck, den sie ausüben, und zähmen die Vergangenheit, die andernfalls unsere Zukunft bestimmen und das Flussbett unserer Seele zerstören würde. Wie Scheler schreibt: »Nicht die bereute Schuld, sondern nur die unbereute hat auf die Zukunft des Lebens … determinierende und bindende Gewalt. Die Reue tötet den Lebensnerv der Schuld … Sie stößt Motiv und Tat, die Tat mit ihrer Wurzel, aus dem Lebenszentrum der Person heraus, und sie macht damit den freien, spontanen Beginn … einer neuen Lebensreihe möglich. Also wirkt Reue sittliche Verjüngung.«[94]

Das sich Erinnern bedeutet nicht nur, sich irgendwie ein Bild von der Vergangenheit zu machen oder von der schlechten Handlung, die wir bereuen. Durch das Erinnern nehmen wir etwas aus der Vergangenheit mit voller Absicht wieder in Besitz und erleben es erneut. Das erlaubt es uns, sie zu verurteilen und im Akt der Reue abzulehnen. Reue aber verlangt eine Tat des Willens!

Erlösung von der Schuld

Der schwierigste Teil der Reue scheint nicht einmal der des Eingeständnisses zu sein, sondern vielmehr der Selbstaufgabe gegenüber dem göttlichen Gesetz. Im Akt der Reue erkennen wir nämlich an, dass wir anders hätten handeln können und sollen, und daher erinnern wir uns dynamisch und intentional und erst dadurch erkennen wir eine höhere Dimension moralischer Verantwortlichkeit.

Reue ermöglicht uns die Mächte der Schuld zu enteignen. Im Akt der Reue bewegen wir unseren Geist mit Absicht und Intention auf die Schuld zu und berauben sie daher ihrer Kontrollsucht. Daher ist es ein Missverständnis, wenn wir meinen, der Katholizismus sei eine Religion der Schuldkomplexe. Stattdessen bietet er an, freie Männer und Frauen von der Macht der Schuld, die sie quält, zu befreien, die Fesseln der Sünde aufzulösen, durch die Reue. Wird die Schuld in der Reue ins Visier genommen, ist ihre Macht gebannt. Dadurch, dass man sie anzielt, intendiert, zum Gegenstand des Geistes macht, wird die Schuld umgeformt und plötzlich zu einer Quelle der Verjüngung und nicht der lebenaussaugenden Qual.

Nur durch das Bereuen unserer Sünden erkennen wir, dass das Leben nicht dem notwendigen Ablauf der Natur folgen muss – dass es einen Weg zum Leben gibt und einen Weg, die Schuld aufzulösen. Dieser Prozess beginnt damit, dass man sich selbst anklagt, worauf Papst Franziskus immer hinweist. Diese Praxis des heiligen Ignatius von Loyola, des Gründers des Jesuitenordens, ist für den Papst eine tägliche Praxis, um sich bewusst zu bleiben, dass wir nie ohne Sünde sind.[95]

Der Gott, den der heilige Ignatius sich vorstellt, ist der Gott der Liebe und der Barmherzigkeit, aber er ist auch der Gott, der fadenscheinige Entschuldigungen der Menschen verabscheut, die einfach nur das Angenehme in der Sünde suchen und sich aus der Verantwortung stehlen wollen. Ein bequemer Gott würde wahrscheinlich einfach eine Amnestie aussprechen, ohne von uns den Akt der Reue zu verlangen, aber das wäre doch ein furchtbarer Elternteil, der nicht daran interessiert ist, dass seine Kinder reife und verantwortliche Personen werden. Der Gott der Christen ist ein »eifersüchtiger Gott« (Ex 20,5), was bedeutet, dass er ersehnt, dass alle Menschen umgeformt werden, und sich gerade nicht mit dem Mittelmaß zufrieden gibt. Die Sünde kann mit Gott nicht bestehen. Die christliche Tradition nimmt den Menschen als moralisch Handelnden ernst, aber auch die Realität der Sünde und predigt daher keine seichte »Barmherzigkeit« ohne Reue.

Während ein weltlicher Richter an einem Schuldeingeständnis und einer oberflächlichen Reue interessiert ist, verlangt Gott von uns echte Reue, weil er weiß, dass sie allein für uns die Quelle moralischer Verjüngung ist. Sie ist der Akt, mit dem wir unsere Sünden von uns werfen und uns von unserer Anhänglichkeit an sie frei machen. Das ist nun kein schlechtes Gewissen: Denn wir haben ein schlechtes Gewissen, wenn wir wissen, dass etwas mit uns nicht stimmt, aber wir machen es damit noch nicht zum Zentrum unserer Aufmerksamkeit und formulieren eine Selbstanklage. Daher bleibt das schlechte Gewissen allein fruchtlos und wird uns moralisch nicht verjüngen. Erst im Akt der Reue bauen wir eine Beziehung auf: die Reue ersehnt die Gemeinschaft mit Gott wiederherzustellen, die geschwächt oder zerstört wurde, und das beinhaltet auch die Ablehnung künftiger Sünden.[96]

Die Beichte unserer Sünden bezieht sich auf Gottes Gnade und die Möglichkeit, im Sakrament wiedergeboren zu werden. Das Neue Testament zeigt, dass Gott eben nicht einer ist, der uns nur eine nette Umarmung gibt und uns dann tun lässt, was wir wollen, sondern dass er von uns erwartet, heilig zu werden (und daher anders als die Welt, was die ursprüngliche Bedeutung von heilig ist). Er erwartet von uns, dass wir uns selbst unserer Sünden anklagen und das Böse in unserem Herzen ausrotten, denn das Böse kann nicht zusammen mit Gott in der Ewigkeit bestehen. Gott will, dass wir ihm gleich werden. Im Johannesevangelium heißt es (Joh 3,1–5):

»Es war unter den Pharisäern ein Mann mit Namen Nikodemus, ein führender Mann unter den Juden. Er kam bei

Nacht zu ihm und sagte zu ihm: Rabbi, wir wissen, dass du als Lehrer von Gott gekommen bist. Denn niemand kann diese Zeichen tun, die du tust, wenn nicht Gott mit ihm ist. Jesus antwortete ihm: Amen, amen, ich sage dir: Wer nicht von oben geboren wird, kann das Reich Gottes nicht sehen. Nikodemus sagt zu ihm: Wie kann ein Mensch geboren werden, wenn er ein Greis ist? Kann er etwa zum zweiten Mal in den Schoß seiner Mutter gehen und geboren werden? Jesus antwortete: Amen, amen, ich sage dir: Wer nicht aus Wasser und Geist geboren wird, kann nicht in das Reich Gottes eingehen.«

Von »oben« geboren zu werden ist ein Geschenk der Gnade Gottes, das die Selbstaufgabe des Fleisches, Blutes und Geistes erfordert. Wir lernen das von den Heiligen und wie sie bereuten. Dann beginnen wir zu verstehen, warum sie in sich selbst die größten Sünder sahen – nicht weil sie Hysteriker waren, sondern weil sie gelernt hatten zu lieben und sich Gott zu schenken. So wie nur ein starkes Licht in die dunkelsten Winkel scheinen kann, so ist ein Mensch, der Gott über alles liebt und plötzlich alle Mängel erkennt, die immer noch umgeformt werden müssen in Christus. Der Christ, der solches nicht sieht, sieht nicht tief.

12. DER GOTT DES ABENTEUERS

»Wir hatten einen netten Urlaub«, ist wohl die Beschreibung, die wir erwarten würden, wenn ein älteres Ehepaar von ihren zwei Wochen in einem Kurort im Bayerischen Wald in die Heimatstadt zurückkehrt. Man erwartet dabei keine Überraschungen, sondern eher ausspannen und sich gehen lassen. Das braucht die Seele. Aber ich habe den Eindruck, dass wir auch unsere Gottesbeziehung ähnlich sehen. Wir erwarten nichts Aufregendes, kein Abenteuer. Mir kam dies schlagartig zu Bewusstsein, als ich eine Reihe von Biografien über den amerikanischen Präsidenten Theodore Roosevelt las. Nach seiner Amtszeit unternahm er mit einem katholischen Priester eine Expedition in den südamerikanischen Urwald, auf der er fast starb. Roosevelt selbst verabscheute das Langweilige und Komfortable. Sein Leben war ein einziges Abenteuer, sei es im Konsum von Büchern oder durch kilometerlange Gewaltmärsche, auf die er sein ganzes Kabinett mitnahm. Abenteuer hat etwas mit Stärke zu tun, aber auch mit Risiko, während Nettigkeit und Bequemlichkeit weder Lebensfreude noch Risiko noch Kraft ausstrahlen.

Wenn Gott nicht nett ist

Es sollte klar geworden sein, dass ich nicht glaube, dass »nett« oder »bequem« passende Attribute für Gott sind. Wir sollten auch nicht wollen, dass Gott so ist, aber wir sollten nun vielleicht erkunden, welche anderen Attribute es von Gott gibt, die Theologen erarbeitet haben, die uns von Gott wegführen.

Das erste ist das der Schwachheit. Manche vertreten allen Ernstes die Ansicht, Gott sei schwach. Was soll das aber bedeuten? Schwach ist doch der Gegensatz von stark und daher unvereinbar mit Allmacht. Diese Theologen meinen, nur ein schwacher Gott könne uns Freiraum geben, uns nicht erdrücken. Aber ein schwacher Gott hätte doch wohl nicht alles Sein erschaffen können, oder? Manche sagen deshalb, dass das Universum einfach schon da war, ewig ist, und Gott darin nur irgendwie Dinge und Menschen erschafft.

Wenn das aber der Fall wäre, dann ist er nicht allmächtig, weil etwas existiert, was er nicht verändern kann, nämlich das Universum, Raum und Zeit. Wenn aber das Universum ewig ist, wie sollte dann Gott die Kraft haben, die Dinge zum Guten zu führen, die letzte Gerechtigkeit herzustellen? Wenn er so ohnmächtig wäre, verdiente er unser Gebet? Wenn er nur den Sternenstaub überzeugen könnte, bestimmte Formen anzunehmen, aber keine Macht zu schaffen hätte, wäre er nicht nur nicht die Ursache allen Seins, sondern selbst ein Teil der Welt und nicht mehr Gott.

Es gibt Theologen, die so einen Alternativvorschlag vertreten; sie nennen sich »Prozesstheologen«. Für sie ist Gott Teil des Weltprozesses, wie wir ihn beschrieben haben, nur eben ein mächtiges (mächtiger als der Mensch) Wesen darin. Wenn er aber in seinen Beziehungen so eingeschränkt ist, dass er sogar die Materie nur überreden kann, wie sollte er dann fähig sein, so etwas wie ewiges Leben zu garantieren?

Dagegen verteidigt die traditionelle Theologe, dass der allmächtige Gott das Universum und mit ihm Raum und Zeit erschaffen hat und jeden Moment im Bestand erhält und mir wie dem kleinsten Atom in seiner Schöpfung nahe steht. Ein Prozessgott könnte das nicht, weil er irgendwie Teil der Natur wäre. Wenn Gott aber nicht unser Seinsgrund ist, dann wäre er nur wie ein gigantischer himmlischer Strippenzieher und wir seine Puppen.

Im Film *Star Trek V: Am Rande des Universums* gibt es eine Szene, die mich an einen solchen Prozessgott erinnert. Spocks Halbbruder Sybok führt die Enterprise auf einen Planeten jenseits der Grenze des Universums, wo angeblich Gott auf sie wartet. In der Tat trifft die Crew auch ein unkörperliches Wesen, das sehr mächtig erscheint. Es fordert sie auf, die Enterprise in Besitz nehmen zu dürfen, um so die Botschaft »Gottes« über das Universum zu verbreiten. Dann aber stellt Kapitän Kirk die entscheidende Frage: »Warum braucht Gott ein Raumschiff?« Der Gott, den die Crew trifft, ist ein mächtiges Wesen, ein Alien, aber nicht Gott. Dieses Wesen ist furchteinflößend, aber es ruft bei Kirk nichts Anziehendes hervor. Er kann in ihm weder Schönheit noch Güte erkennen, sondern nur Selbstsucht. Der wahre Gott braucht kein Raumschiff, um seine Botschaft zu verbreiten; was für ein lächerlicher Gott wäre er sonst! Kirk erkennt dies.

Wenn man vor Gott steht, dann weiß man das. Alle Religionen und Mystiker sind sich darüber einig. Ein schwacher Gott ist ein Götze und es wäre besser, ihn tot und begraben zu lassen, als ihn im Religionsunterricht unseren Kindern zu präsentieren. So ein Gott ist unseres Gebetes nicht wert – er könnte nie die Quelle unseres Heils sein. Wenn Christen daher ihren Glauben an Jesus Christus, ihren Erlöser, bekennen, dann drücken sie damit ihre Überzeugung aus, dass Gott der Vater, der alles geschaffen hat, den Weg zum ewigen Leben eröffnet hat durch seinen Sohn. Weil Sünde und Gott nicht zusammen bestehen können, kommt Jesus ins Fleisch, um diese Kluft zu überwinden und uns Anteil an Gott zu geben. Das ist der allmächtige Gott, von dem wir im Großen Glaubensbekenntnis sagen: »und seiner Herrschaft wird kein Ende sein«.

Die Welt verzaubern

Es gibt wohl kaum einen Denker, der mehr dafür getan hat, das Abenteuer des Glaubens herauszustellen, als Gilbert Keith Chesterton, der 1936 starb. Seine Werke weisen immer wieder darauf hin, wie ein netter und bequemer Gott uns geradezu zu Tode langweilt, während unsere Seele sich nach einem Abenteuer mit Gott sehnt.[97] Ein schwacher Gott wäre mit einem spirituellen Facelift zufrieden, ein starker Gott aber will uns umwandeln. Der Vater Jesu Christi nimmt uns wie Jesus selbst ins Boot und fährt uns hinaus auf den See in einen aufkommenden Sturm (vgl. Mk 4,35).

Ein Prozessgott könnte vielleicht ein wenig Komfort spenden, etwa wie eine Heizdecke im Winter, aber eine gottfreie Ethik wäre wohl überzeugender, da dieser schwache Gott auch nicht Grund der Moral sein kann. Wir stünden wieder vor dem Dilemma: Warum gut sein? Auf den schwachen Gott der Prozesstheologie könnten wir nicht »hoffen«; er könnte die Opfer nicht entschädigen und die Täter bestrafen; er könnte nicht die letzte Gerechtigkeit in die Welt bringen.

So ein Gott wäre langweilig und berechenbar und ohnmächtig. Der Gott des Christentums ist das Gegenteil! Er ist voller Überraschungen, wie das Leben eben. Chesterton schrieb einmal, dass das wahre Abenteuer im Leben nicht darin besteht, unser Zuhause zu verlassen, um eine neue Grenzerfahrung zu machen, etwa im Dschungel, in Forschung oder Liebe. Vielmehr findet sich das Abenteuer in der Mitte unseres Lebens, in unseren eigenen vier Wänden.[98] Könnten Sie sich vorstellen, Ihren Kamin hinunterzuklettern und Ihr Wohnzimmer wie einen Urwald am Amazonas zu durchqueren? Könnten Sie Ihren Kindern begegnen, als ob sie eine neuentdeckte Spezies wären? Das ist natürlich scherzhaft gemeint – aber es steckt eine ernste Botschaft darin, dass wir Christen nämlich vergessen haben, was Christentum ist. Wir sind viel zu sehr an es gewöhnt und erkennen seine Ecken und Kanten gar nicht mehr, das Herausfordernde und Neue.

Machen Sie doch ein Experiment: Schauen Sie den Tisch an, der Ihnen am nächsten steht. Dann schließen Sie die Augen, stellen ihn sich vor und geben ihm einen anderen Namen. Nennen wir ihn »tobel«. Wiederholen Sie den neuen Namen etwa zehn Mal, immer noch die Augen geschlossen. Wenn Sie nun die Augen öffnen und Ihren Tisch anschauen, dabei auch noch das Kunstwort »tobel« denken, werden Sie etwas Seltsames bemerken. Ihr Geist wehrt sich gegen den falschen Begriff und wird Sie dazu zwingen, den Tisch auf einmal genauer zu sehen, fast so, als ob man ihn das erste Mal sehen würde. Man wird sich der Farbe gewahr, vielleicht sogar der Kratzer auf der Oberfläche, wie glatt poliert er ist usf. Diese Neuheitserfahrung ist es, die Chesterton im Auge hat, wenn er davon spricht, dass wir unsere Welt wieder verzaubern sollten. Das bedeutet nicht, sich unsichtbare Freunde oder Feen vorzustellen, sondern vielmehr die Freude des Entdeckens wiederzufinden, die wir beim ersten Mal hatten, als wir diese Dinge sahen, die Entdeckerfreude der Kinder.[99] Das Abenteuer im eigenen Leben bedeutet, sich darüber klar zu werden, dass es Herausforderung jeden Tag gibt: Werde ich diesen Tag besser leben als gestern? Werde ich meinen moralischen und spirituellen Ansprüchen gerecht oder wirft mich etwas aus der Bahn? Habe ich überhaupt noch Augen für mein Leben und meinen Alltag? Sehe ich das Kleine und Unscheinbare, das am Wegrand liegt und mich auffordert, entdeckt zu werden?

Ein Gott der Überraschungen

Gott ist eine Macht, die uns überrascht und verzaubert, ein Wesen, das Leben in Fülle ist. Gott ist reinstes Abenteuer.

Christen glauben, dass sich die menschliche Erfahrung mit Gott in heiligen Büchern niedergeschlagen hat. Obwohl so viele unserer Zeitgenossen Kirche und Gott langweilig finden, werden wir nicht eine einzige Zeile in der Bibel finden, die Gott als bequem und langweilig oder öde bezeichnet. Warum? Weil die Autoren dieser Texte wussten, dass ihr Leben mit Gott eine abenteuerliche Reise war, auf der sie der Heilige Geist begleitete.

Nehmen Sie wiederum die Genesis, das erste Buch des Alten Testamentes, als Beispiel. Es erzählt in Kapitel eins und zwei, wie die Welt und die Menschen erschaffen wurden. Durch die Tatsache, dass wir zwei Schöpfungsberichte haben, warnt uns die Bibel von vornherein, die sechs Tage der Schöpfung wörtlich zu nehmen, sind sie doch im zweiten Bericht nicht erwähnt. Vielmehr will uns die Schrift anregen, uns auf die Geschichte selbst zu konzentrieren. Gott handelt und erschafft und befähigt seine erste Kreatur Adam mit dem Recht, allem in der Schöpfung einen Namen zu geben. Wenn ich jemandem einen Namen gebe, habe ich Macht über ihn; so geben ja auch die Eltern einem Kind einen Namen. Damals glaubte man ferner, dass die Kenntnis des Namens auch Macht über das Wesen eines Dinges bedeutete; man musste wissen, was das war, das man benannte. Dadurch wird klar, dass Adam nicht einfach durch die Welt spaziert und sich Namen ausdenkt, sondern am Wissen und der Königsherrschaft Gottes teilhat: Wie der König entscheidet er und kennt sein Reich. Adam steht an Gottes Stelle in der Welt! Wie ein Kind, dem man ein Spielzeuggeschäft schenkt, sitzt Adam im Paradies und ordnet es souverän. Sahen wir aber vorher, dass mit diesem Benennen Entdeckerfreude, Überraschung, ja auch Abenteuer und Freude verbunden sind, oder dachten wir eher an eine knochentrockene Buchhalterübung?

Adam wird nicht nur als der erste Mensch beschrieben, sondern auch als Wächter der Welt, als ein Wesen, das Gottes Stelle einnimmt und dem daher auch Ehre und Verantwortung zufallen. Im nächsten Kapitel der Genesis wird alles anders. Die Menschen missbrauchen ihre Königsmacht über die Welt und sich. Adam und Eva werden schwach in der Versuchung und erfinden Ausflüchte, warum es gar nicht so schlimm ist nachzugeben. Schließlich sähe die Frucht doch köstlich aus, sei eine Augenweide und bestimmt gut (vgl. Gen 3,5). Wir wissen, was dann passiert – beide werden für ihre Sünde aus dem Paradies vertrieben.

Gott erlaubte diesen Sündenfall, weil er beiden Personen die Freiheit gab eine Entscheidung gegen seinen Willen zu treffen. Dadurch, dass er Adam und Eva freien Willen gab, entschied Gott, dass er eben keinen moralischen Kindergarten auf der Erde wollte, der von Wällen umgeben war, sodass niemand über die Klippen der Versuchung fiel. In einer solchen Welt würde zwar niemand verletzt, wir könnten es nicht. Jedes schlimme Wort, das wir aussprechen wollten, würde sich noch in unserem Kehlkopf in ein harmonisches Lied verwandeln, und jede Faust würde stets zur zum Frieden ausgestreckten Hand. Wenn Gott uns moralisch derart bevormunden würde, gäbe es keinen Schmerz mehr und kein moralisches Übel, aber es gäbe auch keine Freiheit mehr. Wir wüssten nicht einmal, zu was wir fähig wären, und könnten moralisch nie reifen. Es wäre eine Welt von moralischen Zombies, aber nicht von Menschen. Es wäre eine Welt ohne Abenteuer und Risiko – ein blutleeres, langweiliges Universum.

Gott will das Abenteuer des freien Willens, wie uns die Bibel erzählt, weil die wahre Freiheit in Erfüllung besteht: Nur wenn wir unser Herz mit dem unendlichen Willen Gottes füllen, findet es Ruhe und Erfüllung, wie Augustinus sagt. Freiheit ist im traditionellen Verständnis das Abenteuer, das Richtige zu tun, sich an das Gute zu binden, an die Gnade, die uns nicht versklavt, sondern befreit.[100]

Das kann man gar nicht stark genug betonen, weil Medien und Politik uns vormachen, Freiheit bestehe einzig und allein in der »Wahl«, in der Wahlmöglichkeit. Wenn nicht mindestens zwei Möglichkeiten gegeben seien, sei es keine wirkliche Freiheit, wird uns gesagt. In der traditionellen Philosophie seit Cicero – bis zu Thomas von Aquin – war Freiheit immer Freiheit zum Guten: Wenn mein Leben durch die Sünde niedergehalten wird, bin ich aber nicht frei, sondern der Sünde Sklave. Ich bin wie ein Drogenabhängiger, der an seine Sucht gekettet ist. Auf die Gefahr hin, dass ich mich wiederhole, aber der Punkt ist so wichtig: Ist ein Abhängiger, der vor einem Tisch mit seinen Lieblingsdrogen steht, frei, weil er sich theoretisch abwenden kann oder weil er wählen kann, sich eine minimale Portion seines Giftes zu spritzen? Ich denke nein. Ich glaube eher, mit der Tradition der Philosophie von John Locke, dass die Fähigkeit einer solchen Person, frei zu handeln und Gottes Plan zu folgen und damit seine Erfüllung zu finden, gar nicht mehr existiert. Die Freiheit ist aufgehoben. Es ist vielmehr die Liebe Gottes, die wir Gnade nennen, die uns befreit und uns ermächtigt, die Ketten unserer Sucht und Sünde zu zerschlagen. Es ist Gnade, wenn wir uns beim Aufwachen fragen: »Werde ich heute Gottes Erwartungen erfüllen? Werde ich heute meiner ureigenen Berufung folgen?« Und es ist Gnade, in der Versuchung am Guten festzuhalten.

Menschen sind das Abenteuer Gottes. Natürlich ist Gott allwissend; er kennt unsere Gedanken und Akte, aber ich denke mir, dass er sich dazu entschließen kann, von uns überrascht zu sein. Ich kann das nur mit dem Erziehen meiner Kinder vergleichen: Wenn meine jüngeren eine Geburtstagsüberraschung für mich vorbereiten, finde ich Papierschnipsel in der Küche oder Wachsmalstifte; es ist auffallend ruhig und ich werde aufgefordert, meine Augen zu schließen, sodass ich nur ja nicht die selbst gemachte Geburtstagskarte sehe. Natürlich weiß ich, was sie da machen, aber ich entschließe mich, überrascht zu sein, wenn sie mir ihr Kunstwerk aushändigen. Ich freue mich mit ihnen. Ich denke, mit Gott könnte das ähnlich sein.

Die Abenteuer von Noah, Abraham und Moses

Wenn Sie die Geschichten der größten Abenteuer des Alten Testamentes bedenken, dann wird meines Erachtens klar, dass der Gott der Bibel einen komfortablen Lebensstil und Lehnstuhl-Theologen ablehnt. Noah, erzählt das Buch Genesis, war ein gerechter

Mann in einer Welt von Menschen, die ihre Pflichten gegenüber Gott und den Nächsten vergessen hatten. Daher schickt Gott eine Flut, um die Sünde auszulöschen. Wiederum geht es hier nicht um die Frage nach der Geschichtlichkeit, sondern um das, was die Geschichte aussagen will: Gott erwählt Noah und seine Familie als Überlebende, aber er setzt sie nicht einfach auf trockenes Land, sondern legt das Überleben der ganzen Menschheit und der Tiere in Noahs Hand. Er bekommt den Auftrag, die Arche zu bauen! Als er das Schiff baut, machen sich seine Nachbarn über ihn lustig; seine Handlung ist beleidigend für sie, denn er antwortet ihnen, dass Gott ein Strafgericht über sie hereinbrechen lassen wird. Sie sind brüskiert, da sich niemand freiwillig einen Spiegel vorhalten lassen will. Doch Gott besteht darauf, dass Noah die schwere Rolle des Außenseiters weiterspielt. Was er von ihm verlangt, ist nicht einfach, aber auch nicht untragbar, und weil Noah durchhält, gibt es einen neuen Bund, den Gott mit dem Regenbogen in den Himmel schreibt. Er verspricht, die Erde nie wieder zu zerstören. Natürlich wusste Gott, wie sich Noah entscheiden würde, und änderte daher auch nie seine Meinung, aber wie Rudolph Otto es beschrieb, die antiken Autoren wählten das Bild eines Gottes, der seine Meinung ändert, um unsere Ehrfurcht vor Gottes Plänen auszudrücken. Diese Bildsprache erinnert uns daran, dass Gott unauslotbares Geheimnis ist, das uns verzaubert und erschüttert.

Gott ist für Überraschungen gut, aber er ist kein unschlüssiger Freund, der einmal dieses, dann aber jenes will, weil sein ewiger Wille sich nicht ändert. Es scheint uns nur so, aber das scheint irgendwie von Bedeutung zu sein. Es bedeutet meiner Meinung nach, dass die alte Interpretation der Sintflut als Zeichen von Gottes Machtfülle ein bisschen zu kurz greift. Sie scheint gerade die ganze Magie der Geschichte zu übersehen.

Der Gott der Bibel ist ein Gott, der uns dazu aufruft, uns auf ihn einzulassen. Das ist Abenteuer, das ist Risiko, zumindest in unseren Augen und denen der Welt. Er will, dass wir uns aufmachen, ihn zu finden, ihm zuzuhören, und auf sein Wort hin die Segel setzen. Eine andere Geschichte erklärt uns das vielleicht noch besser, nämlich die des Abraham. Gott ruft Abraham aus Ur; er fordert ihn auf, alles zu verlassen – seine Familie, seine Heimat, seine Muttersprache, und in ein Land zu gehen, dass Gott ihm zeigen werde. Es darf als sicher gelten, dass Abrahams Verwandte dachten, dass er völlig durchgedreht war. Wer würde denn alles zurücklassen für einen Gott, dessen Namen er nicht einmal kannte, und der ihm noch nicht einmal ein konkretes Ziel für die Reise nannte?

Die Geschichte des Moses ist ähnlich gestrickt. Auch von ihm verlangt Gott Vertrauen und das sich Einlassen auf das bereit gelegte Abenteuer. Wenn man nun bedenkt, dass Gott dabei Moses den Mörder in Dienst nimmt, bekommt die Geschichte eine zusätzliche Färbung. Er hatte den ägyptischen Wachmann im Zorn erschlagen; doch Gott ändert seinen Plan deswegen nicht, vielmehr bereut Moses und führt sein Volk aus der Sklaverei. 1400 Jahre später erwählt Gott wieder einen Mörder, um Heil in die Welt zu bringen, nämlich Paulus, der die ersten Christen verfolgt hatte. Auch Israeliten und Christen waren in einem Wirbelwind des Abenteuers. Man stelle sich vor: Gott verlangt, dass man auf die Worte eines Mörders hört, der von sich behauptet, das Sprachrohr des Höchsten zu sein!

Wir können aber die Flucht aus Ägypten nur recht verstehen, wenn wir auch die 40 Jahre in der Wüste theologisch bedenken. Dort verlangte Gott von den Israeliten, sich täglich auf das Abenteuer des Glaubens einzulassen: Sie wurden täglich durch das Manna, das Brot vom Himmel, gespeist. Es schmeckte wie kleine Korianderwaffeln. Das Buch Exodus erzählt uns, dass man es nicht aufheben konnte und es täglich einsammeln musste. Man musste also täglich darauf vertrauen, dass Gott das Mahl auf den Tisch bringt! In den meisten westlichen Ländern sind wir so daran gewöhnt, alles zur Verfügung zu haben, sei es Essen oder sauberes Wasser, dass wir verlernt haben, den Zauber dieser Geschichten zu sehen und zu hören. Aber wir wären schlecht beraten, wollten wir glauben, dies wäre für die Israeliten keine Prüfung gewesen. Schließlich waren sie vorher Sklaven gewesen und bekamen täglich zur selben Stunde ihr Essen. Auch für sie war es ein Abenteuer, mit Gott als freie Menschen zu leben.

In der lebensbedrohenden Situation der Wüste aber wurden sie nun damit konfrontiert, Gott zu vertrauen. Im Komfort der eigenen vier Wände ist das bedeutend einfacher. Viele Israeliten hatten sich mit Sicherheit an die Geschichten über Abraham, Isaak und Jakob erinnert und an Gottes Versprechen, sie zu befreien, aber nun, da die Befreiung da war, stellte sie sich ganz anders dar, als sie sie erwartet hatten. Sie war herausfordernd und nicht einfach; sie führte ins Ungewisse, ins Abenteuer, und noch dazu war als Führer ein ihnen völlig Unbekannter, Moses, eingesetzt. In einer solchen Situation täglich auf das Brot vom Himmel zu hoffen, muss immensen Stress verursacht haben; es war eine Herausforderung und Probe des Vertrauens.

Jemandem zu vertrauen ist immer riskant. Einem Gott zu vertrauen, dessen Namen man nicht kennt, ist wahrscheinlich nahe am Wahnsinn – zumindest in den Augen der Welt. Doch Moses rief sein Volk immer wieder auf, die Furcht abzuwerfen und sich ganz nah an Gott zu halten, der sie in diesem Abenteuer nicht allein lassen wird.

Das größte Abenteuer

Es gibt aber ein Abenteuer, das alle anderen überragt. Christen glauben, dass der ewige Gott, der vor aller Zeit existierte, beschloss, in Jesus Christus Mensch zu werden. Vor 2000 Jahren war das so skandalös wie heute.

Viele antike Religionen verehrten Götter, von denen man glaubte, sie hätten menschliche Gestalt angenommen, aber die Fleischwerdung Jesu war anders. Jesus versteckte sich nämlich nicht im menschlichen Fleisch wie in einem Umhang, um wie Jupiter unwissende Frauen zu schwängern oder wie in Troja in Schlachten einzugreifen. Stattdessen war der ewige Sohn Gottes in Jesus Christus Mensch geworden, durch Maria, einer etwa 15-jährigen Jungfrau. Er wurde geboren wie alle anderen Kinder und kam durch den Geburtskanal in die Welt und erkundete die Welt wie jedes andere Geschöpf. Keine andere Religion hatte sich je einen solchen Gott erdenken können, der sich selbst ganz und gar den Bedingungen menschlichen Lebens unterwirft!

Das Neue Testament erzählt uns nicht viel über das frühe Leben Jesu, aber es erwähnt, dass er als 12-Jähriger bei einem Besuch seiner Familie im Tempel zurückblieb, um mit den besten Theologen seiner Zeit zu diskutieren. Das ist die einzige Kindheitsgeschichte außer den bekannten Geschichten seiner wundersamen Geburt und seiner Darbringung im Tempel. Sie bringt aber etwas auf den Punkt: Dieser Teenager Jesus realisiert, dass er anders ist als andere Jungen seiner Familie. Ohne Schutz seiner Familie bleibt er im Tempel, wandert in dem riesigen Gelände herum, ist ein richtiger Ausreißer. Wir erfahren nichts über die nächsten zwanzig Jahre seines Lebens. Nach dem Vorfall im Tempel, aber heißt es nur, dass er seinen Eltern gehorchte (vgl. Lk 2,50). Das scheint nun eine langweilige Zeit gewesen zu sein, möchte man jemand sagen hören; er blieb bei Mama und Papa, Josef seinem Stiefvater, und tat, was sie wollten. Wenn wir das denken, verstehen wir das Drama dieses einen Satzes nicht!

Wir müssen den Satz nämlich von Jesu Perspektive aus lesen: Der Sohn Gottes entscheidet sich, die nächsten zwanzig Jahre seines Lebens, und zuvor war er ebenso gehorsam (vgl. Lk 2,40), auf zwei Geschöpfe zu hören, ihnen Untertan zu sein. Josef und Maria waren zwar gut, rechtschaffen und heilig, aber sie waren eben nur Geschöpfe, Menschen wie wir. Gott in Jesus Christus unterwirft sich dieser Begrenzung, er nimmt das Leben an. Wenn wir es so ausdrücken, klingt es wie ein unendliches Opfer, diese zwanzig Jahre zu verbringen, oder 32 Jahre, rechnet man die Zeit zuvor dazu; es wäre etwa so, als müsste der berühmteste und reichste Popstar für zwanzig Jahre in Armut und schweißtreibender Arbeit sein Dasein fristen. Aber der springende Punkt ist, dass Gott sich auf die Erfahrung menschlichen Lebens aus der Sicht des Menschen einlässt, nicht von oben herab, sondern von innen heraus. Er zeigt damit, wie oberflächlich die antiken Religionen über Mensch gewordene Götter gedacht hatten. Dieser Gott Jesu hatte sich den Schranken der Schöpfung unterworfen.

Die menschliche Natur Jesu hat Schmerz erlitten. Die ersten christlichen Theologen, die Kirchenväter, haben daher mutig festgehalten, dass »einer aus der Trinität« gelitten habe. Der Schmerz, den Jesus in seiner menschlichen Natur erfuhr, wird auch von der zweiten Person Gottes, dem Sohn, wahrgenommen. In dem Sinne kann man sagen, dass Gott leidet.

Für die griechischen Philosophen der Antike war die Idee eines leidenden Gottes skandalös. Als vollkommenes Wesen konnte Gott nicht leiden, weil Schmerz die Abwesenheit von Glück beinhaltet; er kann also nicht leiden. Nur wenn man annimmt, dass Gott sich mit einer menschlichen Natur zu einer Person verbindet, kann man dieses Rätsel einigermaßen beantworten, wenn auch nicht ganz lösen. Dann nämlich ist die Verbindung von menschlicher und göttlicher Natur so eng, dass das Leiden des Menschen Jesus auch Gott berührt.

Christen glauben, dass die Menschwerdung sich nur einmal ereignet hat und auch nur einmal ereignen konnte, weil es die Rolle Jesu war, Gott als Dreifaltigkeit der Welt bekannt zu machen. Deswegen ist Jesus das letzte Wort Gottes.

Worüber viele aber nicht reflektieren, ist die Tatsache, dass das Leiden Jesu für Gott etwas »Neues« war, in einem übertragenden Sinn ein Abenteuer. Nein, ich meine damit nicht, dass sich Gott verändert oder etwas lernen muss, um ganz er selbst zu sein oder zu sich zu kommen, wie Hegel und einige Theologen das vertreten. Vielmehr meine ich, dass der Schmerz, den der Sohn Gottes durch die menschliche Natur Jesu fühlt und wahrnimmt, etwas Besonderes war. Nicht nur der Schmerz der Passion, sondern die schmerzerfüllten, aber auch glückerfüllten 32 Jahre zuvor. So eng ist dieses Band Gottes mit dieser Erfahrung, dass die Kirche fest glaubt, dass Jesu Grab leer war und seine menschliche Natur auf immer mit dem Sohn Gottes verbunden bleibt.

Denken wir noch einmal zurück: Dieses Erleben der Welt aus der Sicht des Menschen beginnt mit Jesu Geburt, führt über den Schmerz der Beschneidung, zum Schmerz der Flucht nach Ägypten und zurück, zum Verlust des Stiefvaters Josef, zum Schmerz des Verlustes von Freunden usf. Die Begrenzungen menschlichen Lebens waren ebenso »neu« für Gott. Natürlich wusste er, dass sich Menschen ernähren müssen, aber jetzt erfuhr er am eigenen Leib, was es hieß, Hunger zu haben und Durst, und was es bedeutete, für seinen Lebensunterhalt zu arbeiten. Die Exegeten stimmen überein, dass Jesus das Handwerk Josefs erlernte, also das des Zimmermanns. Er musste sich so sein Brot verdienen in der heißen Sonne Palästinas, wurde wohl auch von Krankheiten heimgesucht und erfreute sich am Zusammensein mit seiner Familie. Es gibt so viele Bücher über den historischen Jesus, aber die Bedeutung seiner Familie für seinen Auftrag, für sein Lebensglück wird meist unterschlagen.

Aus dem Neuen Testament wissen wir von Brüdern und Schwestern Jesu. Eine alte Tradition erklärt uns, dass dies Josefs Kinder aus einer früheren Ehe waren, also Stiefgeschwister. Andere meinen, es waren Cousinen und Cousins. Wie dem auch sei, wahrscheinlich ging Jesus zu ihren Hochzeiten, lernte tanzen, feierte die Geburt ihrer Kinder, aber weinte auch über die Todesfälle in der Familie. Diese Seite seines Lebens war ebenso Teil des göttlichen Abenteuers der Menschwerdung: die Freuden des Menschseins zu erleben. Das Aufwachsen in einer liebenden Familie hat Jesus erst auf seine Mission am Kreuz vorbereitet.

Die Bedeutung der »verborgenen« Lebensjahre Jesu, über die wir nichts wissen, kam mir erst zum Bewusstsein, als ich Tolkiens *Herr der Ringe* las. Frodo, dem die große Mission anvertraut wird, Mittelerde zu retten und den Ring der Macht zu zerstören, ist die »unwahrscheinlichste« Kreatur, um dieses Unterfangen auszuführen. Als Hobbit ist er klein, schwach und unerfahren, aber er hat dennoch ein Merkmal, das ihn auszeichnet: Er ist unglaublich tugendhaft. Gerade weil er in einer liebenden Familie aufgewachsen war, lernte er, das Gute zu tun und das Böse zu lassen; so wurde Gewohnheit in seiner Seele zur Tugend. Und nur weil Frodo diese Tugenden besitzt, ist er fähig, den größten Versuchungen standzuhalten, bei denen die muskulösen Helden, schlaue Elfen und gewitzte Zwerge alle versagen. Der irdische Jesus erlernt in seiner Zeit bei seinen irdischen Eltern die Tugenden der Gerechtigkeit, des Maßhaltens, der Klugheit und des Mutes gerade dadurch, dass er ein einfaches, aufrechtes Leben lebt. Er braucht diese Jahre der Vorbereitung, sodass er in der Stunde der Versuchung sein »Ja« zu Gott sprechen kann …

Wenn es für Jesus gut genug war …

Die Menschwerdung macht für mich besonders deutlich, dass Gott unsere Sünden nicht einfach ohne uns auslöschen wollte, auch nicht nur etwas lehren wollte, sondern auch erfahren wollte, wie es sich anfühlt, Mensch zu sein. Wie war es für Gott, den irdischen Eltern Maria und Josef zu gehorchen, Freude und Schmerz zu erfahren und den Zehn Geboten zu folgen? Er lernte, was es bedeutete, nach Gottes Gebot zu leben. Wenn Jesus uns daher die Gebote als Quelle des wahren Lebens anpreist, dann spricht er aus eigener Erfahrung.

Durch Jesu Augen gewinnt Gott sozusagen eine neue Perspektive über die Intensität von Liebe, Schmerz und Freude und heiligt damit auch jeden anderen menschlichen Leib neu. Wenn der schwache Leib, den wir haben und der so schnell durch das Alter vergeht, gut genug für Gott war, dann ist er auch gut genug für mich. Es gibt keine größere Solidarität als die des Gottes, der in meinen Schuhen wandelt, nicht nur für einen Tag, sondern 33 Jahre lang. Das ist ein Gott des Abenteuers!

13. DER UNWAHRSCHEINLICHE HELD

Wenn ich in diesem Buch vorschlage, das Abenteuer des Glaubens neu zu entdecken, dann will ich dabei nicht beschönigen, dass eine solche neue Reise einen ängstigen kann. Auch ich habe mich so gefühlt, als ich nicht wusste, was mich hinter der nächsten Biegung meines Lebenswegs erwartet. Ich hatte nie daran gedacht, Bayern zu verlassen, in den USA eine Familie zu gründen, sogar in einer anderen Sprache zu lehren und zu schreiben, und und und. Doch wusste ich, dass ich nicht allein auf hoher See war, sondern in Christus ein Segel, einen Gefährten und einen Kompass hatte, der mir half, das Schifflein meines Leben zu manövrieren.

Manchmal kann uns das Ungewisse Angst einjagen; so sehr, dass wir uns lieber einen schnurgeraden Lebensweg ohne Umwege wünschen und eine möglichst detaillierte Karte, die uns alle Stationen aufzählt, die wir zu passieren haben. Zumeist ist diese Sehnsucht nach Planungsgewissheit aber eine Illusion und manchmal erschaffen wir diese Illusionen, weil wir zu viel Angst haben, der ungewissen Realität ins Auge zu blicken. Wenn ich nun vor Gott die Augen verschließe, weil ich Furcht habe, mein Leben um des Einen willen zu ändern, um den es sich zu leben lohnt, dann werde ich schlussendlich einen spirituellen Tod sterben. Andersherum kann ich mich aber auch dieser Furcht aussetzen und sie in Hoffnung verwandeln; dann hemmt sie mich nicht, sondern führt mich dazu, Gott zu vertrauen. Die Furcht vor dem Unbekannten wird dann zur Hoffnung auf Liebe und Erfüllung![101]

Diese Umformung und Veränderung ist nicht einfach, wie Dietrich von Hildebrand sagt, und erfordert von uns eine gewisse Selbstaufgabe. Diese geschieht aber nicht ein für alle Mal, sondern ist eine tägliche Konversion und Hingabe in den Willen Gottes. Erst wenn uns klar wird, dass diese Herausforderung jede Stunde gilt, werden wir auf dem geistlichen Weg Fortschritte machen.

Daher bringt uns auch das Abenteuer mit Gott, dem wirklichen Gott, zu den Sakramenten. Es ist hier, wo wir ihn am intimsten entdecken können, und wo unser Geist und Herz besonders aufpassen müssen, ihn zu hören und wahrzunehmen. Es gibt kein Abenteuer des Glaubens ohne die Ermutigung durch das Sakrament der Beichte, die Straßenkarte der Heiligen Schrift, den Proviant der heiligen Eucharistie und die Gemeinschaft mit anderen im Heiligen Geist in unseren Pfarreien.

Erst die letzte Gemeinschaft bringt alle Aspekte dieses Buches zusammen. Während wir unsere eigene Vorstellungskraft formen und in unseren eignen Körpern und Seelen den erschütternden, tröstenden und verzaubernden Gott als Geheimnis erkennen, sind wir doch nie allein auf dieser Reise. Es gibt Menschen um uns herum, mit denen wir durch die Bande von Familie, Freundschaft und Liebe verbunden sind, und mit denen wir eine Kirche teilen. Wir sollten uns daran erinnern, dass die Art und Weise, wie wir unseren Glauben leben, auch von anderen wahrnehmbar ist. Ich denke nicht, dass wir unsere wahren Gefühle verbergen oder immer »erlöst« aussehen sollten, weil das ja unehrlich wäre.

Allerdings fragen wir uns oft genug, wie wir den Glauben in unser Leben integrieren. Ich glaube, diese Frage, die ich oft gehört habe, ist schon falsch gestellt. Grundfalsch. Stattdessen sollten wir unser Leben in den Glauben integrieren, in das größere Ganze. Denn Jesus kam ja nicht, um ein Teil von uns zu werden, sondern damit wir ein Teil von seinem mystischen Leib, der Kirche, würden. Wir müssen integriert werden, nicht Gott! Haben wir das einmal erkannt, dann werden schlagartig Prioritäten sichtbar. In einer

Welt, die dem Christentum immer feindlicher gegenübersteht, ist die Gemeinschaft, die Christen untereinander pflegen, in der Zukunft noch viel wichtiger als bisher. Nicht nur als eine Gemeinschaft der Sakramente, sondern als Gemeinschaft, wo Umformung in Christus erlebt werden kann. Sicher ist es schwer, Zeit zu finden und mit anderen zu verbringen, die denselben Glauben teilen, und oft ist es auch unmöglich. Dann sollten wir aber nicht vergessen, dass auch unser stilles Dasein in der Messe und vor dem Beichtstuhl ein öffentliches Zeichen unserer Zugehörigkeit zu Christus ist. Das stille Zeugnis des Gebets ist von ungemeiner Bedeutung und weitaus wichtiger als jeder Pfarrgemeinderat oder Bibelkreis.

Während ich diese Zeilen schreibe, schaue ich in meinen Garten. Dort draußen steht eine Statue des heiligen Josef, die mich anblickt. Er hält das Jesuskind auf dem Arm. Mir gefällt, dass er so ins Wohnzimmer hereinschaut, uns anschaut, auf uns aufpasst. Es bringt eine Erinnerung zurück an eine Vortragsreihe, »Christ sein heute«, die ich in Straubing organisiert hatte. Eine wunderbare Referentin gab in der Barockaula des Karmelitenklosters einen Vortrag zu »Frauen in der Kirche«. Im Anschluss meldete sich ein junger Mann und fragte: »Jetzt weiß ich zwar mehr über die Berufung der Frau in der Kirche, aber wie kann ich als Mann meinen Glauben besser leben?« Die Referentin war etwas verwundert und dachte über eine Antwort nach. Während sie dies tat, fiel mein Blick auf das große barocke Gemälde des heiligen Josef im hinteren Teil der Aula, genau hinter dem Mann, der die Frage gestellt hatte. »Drehen Sie sich nur um: Dort hängt die Antwort«, sagte ich. Bis heute glaube ich, dass das eine Eingebung des Heiligen Geistes war, der mich angestoßen hatte zu sehen, was eigentlich jeder hätte sehen können.

Der heilige Josef wird oft als derjenige dargestellt, der für Jesus das Essen zubereitet, mit dem jungen Jesus zusammen in der Werkstatt arbeitet, oder indem er eine Lilie als Zeichen seiner Reinheit hält, die uns auch daran erinnert, dass Heilige einen Wohlgeruch verbreiten, einen Duft der Gnade. Erstaunlicherweise spricht der heilige Josef kein einziges Mal im Neuen Testament. Er ist seltsam still, ja geradezu scheu. Vielleicht ist das der Grund, warum man ihn in den letzten Jahrzehnten so ins Abseits geschoben hat – er sagt ja nichts! Als ob Taten nicht lauter wären als Worte! Und Josef handelt stets, und stets gut. Er ist die Gerechtigkeit in Person. Als Maria schwanger ist, will er sich von ihr ohne großes Aufsehen trennen, obwohl er das Recht gehabt hätte, sie vor Gericht zu zerren. Er verschließt in dieser schweren Stunde, in der er noch nicht alles versteht, nicht sein Herz, als Gott zu ihm spricht und ihm befiehlt, Maria aufzunehmen. Zu wenig bedenken wir diese Stelle. Welche innere Ausgeglichenheit und Reife dieser Mann gehabt haben muss, um Gefühle der Enttäuschung und des Ärgers beiseite zu legen und, ganz auf Gott und die Zuneigung Mariens vertrauend, ein neues Leben zu wagen. Als die Hirten am Stall ankommen, finden sie Maria, das Kind und ihn (vgl. Lk 2,16), während er bei der Ankunft der drei Magier nicht erwähnt wird (vgl. Mt 2,11). Dafür berichtet uns aber Matthäus davon, dass Gott Josef im Traum warnt, dass Herodes alle Kinder Betlehems ermorden will. Er wacht auf und wiederum handelt er sofort. Er wartet nicht bis zum nächsten Morgen; nein, wenn Gott ihn ruft, dann handelt Josef immer sofort und mit vollem Einsatz (vgl. Mt 2,14).

Josef ist nie abwesend und er zweifelt auch nicht in seinem Glauben. Deswegen ist er das große Vorbild der Tapferkeit. Er hält an dem fest, was er als gut kennt, weil es von Gott stammt, ganz gleich wie harsch und unwirtlich der Weg vor ihm auch sein mag. Das bedeutet nicht, dass er die ganze Geschichte und ihre Bedeutung überblickte und verstand, aber auch die Apostel taten das nicht bis nach Ostern. Was wird ihm durch den Kopf gegangen sein, als der alte Simeon das Jesuskind in den Armen hielt und Gott pries, denn seine Augen hätten »das Heil gesehen«? Josef und Maria waren erstaunt, ja verdutzt (vgl. Lk 2,33). Wie Maria verstand er nicht, was der 12-jährige Jesus ihnen erzählte, als sie ihn im Tempel wiederfanden (vgl. Lk 2,52). Die Tatsache, dass Jesus mit seiner Familie zurückkehrte und Josef wie Maria gehorchte und an Weisheit zunahm, zeigt uns, wie wichtig die Erfahrung der Familie für den Glauben ist.

Während man nie genug über die Gottesmutter Maria sagen kann, wie der heilige Bernhard sagt, so möchte ich Ihnen doch den vergessenen heiligen Josef ans Herz legen, den vergessenen Helden. Für Josef war Gott das Abenteuer seines Lebens: Er entschied sich, alle seine Wünsche beiseite zu legen, um dem einen Gott zu dienen, für den es sich zu leben lohnt. Auf den ersten Blick sieht er gar nicht wie ein Held aus; er ist immer einfach, ruhig, aber folgt dem Pfad des Herrn im Gebet und Handeln. Das Wenige, was er sich im Leben erhoffte, ging in Rauch auf: Die Frau, die er liebte, war schwanger von einem anderen. Er muss schockiert gewesen sein und die meisten Leser überlesen etwas: Anstatt Maria öffentlich zu demütigen, will er sich diskret von ihr trennen (vgl. Mt 1,19). Wiederum, Josef ist nicht laut – er ist der Mann der leisen Töne. Sein Charakter verbietet es ihm nachtragend zu sein, auch wenn sein Herz gebrochen scheint. Er hält am Guten fest – das ist Tapferkeit. Doch nun spricht ein Engel zu ihm im Traum, dass er sich nicht davor fürchten solle, Maria als Frau zu nehmen, da ihr Kind vom Heiligen Geist sei. Er muss vorher mit Maria geredet haben, doch diese hatte ihn anscheinend nicht ganz überzeugt. Der Engel verändert die Situation: Gott befiehlt Josef nur, ohne Furcht zu sein, aber nicht Maria in sein Haus zu nehmen. Furcht ist alles, was ihn zurückhält. Stattdessen informiert er ihn über die Wahrheit, weil er weiß, dass Josef, sobald er die Wahrheit kennt, das Gute tun wird. Gott muss es Josef nicht befehlen – er ist gerecht! Die eigene Furcht zu überkommen, weil man erkennt, dass sie einen vom Guten abhält, ist heroische Tapferkeit. Vielleicht ist deshalb der heilige Josef auch der Schutzheilige der Kirche. Er hat ein Heim für das fleischgewordene Wort bereitet; es lebte in seinem Haus. Er war still, gerecht und tat den Willen Gottes, und er überwand seine eigene Furcht. Alle Christen könnten viel von ihm lernen. Wie nur Maria hat Josef Gott sein Haus geöffnet!

Wenn wir unsere Haustür öffnen, ist das immer ein Stück weit gefährlich, weil man nicht weiß, wer hereinkommt. Aber nur wenn wir die Tür unserer Seele Gott öffnen, haben wir die Chance, dass Jesus in uns Wohnung nimmt.

DANKSAGUNG

Danken möchte ich den vielen Lesern, deren Ermunterung mich dazu angehalten hat, auch dieses Buch zu schreiben. Dass bereits im Jahr der Drucklegung (2017) der amerikanischen Ausgabe mehrere Nachdrucke erforderlich waren, um die Nachfrage nach *God Is Not Nice* zu stillen, hat mich natürlich sehr gefreut. Ich war aber ebenso überrascht, wie viele evangelisch-lutherische, evangelikale, freikirchliche und orthodoxe Christen das Buch lasen und positiv aufnahmen.

Nach weniger als zwei Jahren seit Drucklegung erschien in diesem Jahr eine spanische und nun auch eine deutsche Übersetzung. Ich hoffe, dass das Buch auch in Deutschland eine gute Aufnahme findet, vor allem aber hilfreich in der Glaubensverkündigung ist.

Zu guter Letzt möchte ich vor allem denen danken, die mich den Glauben gelehrt haben. An erster Stelle natürlich meinen Eltern. Daneben aber auch insbesondere meiner verstorbenen Tante, Schwester Amalburga Hofmeister von den Mallersdorfer Franziskanerinnen (Eichstätt), dem verstorbenen Ruhestandspfarrer Karl Haller (Straubing), und meinem ehemaligen Religionslehrer und väterlichen Freund, dem verstorbenen StD und Pfarrer Josef Waas. Vor allem Letzterer hat mich einen intellektuell redlichen Glauben gelehrt, der sich nicht verstecken muss, Tapferkeit, Glaubensfreude und eine besondere Verehrung des heiligen Josef. Leider konnte er das Erscheinen der deutschen Ausgabe nicht mehr erleben, da er im März 2017 verstarb. Auf all diese trifft für mich das Wort des Propheten Daniel zu, der schreibt:

*»Da werden die Einsichtigen leuchten wie der Glanz
des Himmels, und jene, die viele zur Gerechtigkeit
geführt haben, wie die Sterne in alle Ewigkeit!«*

(Dan 12,3)

ANMERKUNGEN

1   Erich Fromm: *Haben oder Sein. Die seelischen Grundlagen einer neuen
    Gesellschaft.* München: dtv, 2018 [1976].

2   H. E. Hengstenberg, der erste philosophische Lehrer Robert Spaemanns,
    hat diesen Begriff ausführlich entwickelt. Siehe Hans-Eduard Hengstenberg:
    Philosophische Anthropologie. Stuttgart: Kohlhammer, 1957. Vgl. auch
    Helmuth Plessner: *Die Stufen des Organischen und der Mensch. Einleitung in
    die philosophische Anthropologie.* Berlin: De Gruyter, 2011 [1928].

3   Vgl. Antonin G. Sertillanges: *Der heilige Thomas von Aquin.* Köln: Hegner,
    [2]1928, 59. Als Einführung in den Thomismus empfiehlt sich Gallus Manser:
    Das Wesen des Thomismus. Heusenstamm: Editiones Scholasticae, 2011
    [1935], sowie die Werke Josef Piepers.

4   Vgl. Josef Pieper: *Glück und Kontemplation.* Kevelaer: Topos Plus, 2011.

5   Vgl. Hans-Eduard Hengstenberg: *Christliche Grundhaltungen.* Kevelaer:
    Butzon & Bercker, 1938, 34. Er vertieft diese Einsicht weiter in seinem
    grundlegenden Werk *Christliche Askese.* Heidelberg: Kerle, 1947. Zur
    Einführung in sein Denken empfiehlt sich Martin Hähnel: *Das Ethos der
    Ethik. Zur Anthropologie der Tugend.* Wiesbaden: Springer, 2015 sowie Peter
    Kunzmann: *Vorentscheidung als personale Initiative.* Dettelbach: Röll, 1993.

6   Vgl. Robert Spaemann: *Moralische Grundbegriffe.* München: C.H. Beck,
    [6]1999, 24–35.

7   Kenda Dean: *Almost Christian. What the Faith of Our Teenagers is Telling the
    American Church.* New York: Oxford University Press, 2010.

8   Vgl. Anthony Esolen: *Ten Ways to Kill Your Child's Imagination.*
    Newburyport: ICS, 2014.

9   Vgl. Gabriel Marcel: *Geheimnis des Seins.* Wien: Herold, 1952; ders.:
    Werkauswahl. Paderborn u.a.: Schöningh, 1992. Vgl. auch Gilbert Keith
    Chesterton: *Thomas von Aquin.* Bonn: Nova & Vetera, 2003.

10 Vgl. das glänzende Buch von Robert Spaemann und Reinhard
    Löw: *Natürliche Ziele. Geschichte und Wiederentdeckung des teleologischen
    Denkens.* Stuttgart: Klett-Cotta, 2005. Leserfreundlicher ist Edward Feser:
    Fünf Gottesbeweise. Aristoteles, Plotin, Augustinus, Thomas von Aquin, Leibniz.
    Neunkirchen: Editiones Scholasticae, 2018; ders.: *Aristotle's Revenge. The
    Metaphysical Foundations of Physical and Biological Science.* Neunkirchen:
    Editiones Scholasticae, 2018.

11 Zur Offenheit verweise ich auf die leider oft nicht zur Kenntnis genommene,
    wichtige Studie von Walter Hoeres: *Offenheit und Distanz. Grundzüge einer
    phänomenologischen Anthropologie.* Berlin: Duncker & Humblot, 1993
    (allerdings nur für den Fachphilosophen). Zur Widerlegung des moralischen
    Relativismus siehe den eingängig geschriebenen Dialog von Peter Kreeft:
    A Refutation of Moral Relativism. Interviews with an Absolutist. San Francisco:
    Ignatius Press, 1999.

12 Joseph Ratzinger: *Wahrheit, Werte, Macht. Pluralistische Gesellschaft im
    Kreuzverhör.* Freiburg: Herder, 1995.

13 Man lese hierzu Aristoteles: *Metaphysik*, Buch 4. Vgl. Josef Seifert: *Der
    Widersinn des Relativismus. Befreiung von seiner Diktatur.* Mariawald:
    Patrimonium, 2016.

14 Leider kann ich hier nicht auf die Geschichte eingehen, um aufzuzeigen,
    wie falsch die gängige Auffassung ist, Wahrheitsansprüche führten zu
    Religionskriegen. Man lese William Cavanaugh: *The Myth of Religious
    Violence. Secular Ideology and the Roots of Modern Conflict.* Oxford: Oxford
    University Press, 2009 oder Benjamin Kaplan: *Divided by Faith. Religious
    Conflict and the Practice of Toleration in Early Modern Europe.* Cambridge:
    Harvard University Press, 2009.

15 Max Picard: *Die Flucht vor Gott.* Erlenbach: Rentsch, 1934.

16 Schon Blaise Pascal (gest. 1662) hat erkannt, dass vielfach im
    Religionsunterricht eigentlich nur ein Deismus gelehrt wird und man
    versäumt, diejenigen anzusprechen, die dem Glauben gleichgültig
    gegenüberstehen. Daher ist er für die heutige Zeit einer der wichtigsten
    Dialogpartner. Siehe Blaise Pascal: *Gedanken.* Aus dem Franz. v. Ulrich
    Kunzmann. Berlin: Suhrkamp, 2012 bzw. Richard Parish: *Catholic
    Particularity in Seventeenth-Century French Writing. ›Christianity Is Strange‹.*
    Oxford u. a.: Oxford University Press, 2011.

17 Vgl. Josef Pieper: *Über die Tugenden. Klugheit, Gerechtigkeit, Tapferkeit,
    Maß.* München: Kösel, 2004, das Kapitel über die Tapferkeit.

18 Teresa von Ávila: *Das Buch meines Lebens,* Kap. 31,17 nach der Ausgabe
    Teresa von Ávila: *Werke und Briefe,* Bd. 1. Freiburg: Herder, 2015, 390
    (Pieper gibt irrtümlich 31,18 an).

19 Vgl. Keiji Nishitani: *Religion and Nothingness.* Berkeley: University of
    California Press, 1983, 1–45.

20 Vgl. Robert Spaemann: *Das unsterbliche Gerücht. Die Frage nach Gott und die
    Täuschung der Moderne.* Stuttgart: Klett-Cotta, 2007, 92–120.

21 Spaemann: *Das unsterbliche Gerücht*, 106.

22 Nishitani: *Religion and Nothingness*, 3.

23 Dieses Argument hat der zu Unrecht vergessene Philosoph Bernhard
    Rosenmöller wundervoll herausgearbeitet in *Religionsphilosophie*. Münster:
    Aschendorff, ²1939, 68–69.

24 John S. Dunne: *The City of the Gods. A Study in Myth and Mortality.* Notre
    Dame: University of Notre Dame Press, 1978.

25 Vgl. Winfried Löffler: *Einführung in die Logik.* Stuttgart: Kohlhammer,
    2008, 46f.

26 Thomas V. Morris: *Making Sense of it All. Pascal and the Meaning of Life.*
    Grand Rapids: Eerdmans, 1992, 35f.

27 Vgl. Bertrand Russell: *Warum ich kein Christ bin.* Berlin: Matthes & Seitz,
    2017 [1927]. Berühmt ist die Debatte Russells mit dem Jesuiten Frederick
    Copleston, siehe Frederick C. Copleston SJ: *Memoirs of a Philosopher.* Kansas
    City: Sheed & Ward, 1993; ders.: *History of Philosophy*, Bd. 8. London:
    Search Press, 1966, 425–494.

28 Ein gutes Beispiel sind auch die zahlreichen Veranstaltungen zur Relevanz
    von Theologie.

29 Max Scheler: *Vom Ewigen im Menschen.* Bd. 1, Religiöse Erneuerung.
    Leipzig: Verlag der Neue Geist, 1921, 648.

30 Vgl. Scheler: *Vom Ewigen im Menschen,* 658f.

31 Spaeman: *Das unsterbliche Gerücht,* 157.

32 Man gebrauche etwa das Beispiel der Vergewaltigung. Entweder ist
    Vergewaltigung eine böse Tat, die keine Umstände gutmachen können, oder
    nicht. Gibt man es zu, ist man bereits kein Relativist mehr.

33 Spaeman: *Das unsterbliche Gerücht,* 164.

34 Man erinnere sich etwa an Franz Werfels wunderbaren Roman *Der veruntreute Himmel,* in dem diese Versuchung anschaulich vorgeführt wird.

35 Vgl. etwa die umsichtige Kritik von Martin Rhonheimer: *Homo Sapiens – Die Krone der Schöpfung.* Wiesbaden: Springer, 2016.

36 Wichtig ist immer noch Bela Weissmahr: *Gottes Wirken in der Welt.* Frankfurt: Knecht Verlag, 1973.

37 Verwiesen sei auf meine Studie *Kants Vorsehungskonzept.* Leiden und Boston: Brill, 2007.

38 Vgl. Bernhard Lonergan: *Gnade und Freiheit. Die operative Gnade im Denken von Thomas von Aquin.* Salzburg: Pustet 1998.

39 Joseph Ratzinger/Peter Seewald: *Gott und die Welt. Glauben und Leben in unserer Zeit.* München: Knaur, 2002, 29.

40 Katechismus der Katholischen Kirche, Nr. 2011. Online: http://www.vatican.va/archive/DEU0035/_P7L.HTM.

41 Dietrich von Hildebrand: *Die Umgestaltung in Christus.* Gesammelte Werke 10. Stuttgart: Kohlhammer, 1971, 12.

42 Adam Smith: *A Theory of Moral Sentiments.* Glasgow Edition. Indianapolis: Liberty Fund, 1982 [1790], 236.

43 Ryan Hanley: *Adam Smith and the Character of Virtue.* New York: Cambridge University Press, 2009, 198.

44 Alasdair MacIntyre: *Der Verlust der Tugend. Zur moralischen Krise der Gegenwart.* Frankfurt: Suhrkamp, 1995 [1981].

45 Origenes: *On First Principles.* Übers. von G.W. Butterworth. London: SPCK, 1936, Buch 4, Kapitel 3, 288.

46 Vgl. Augustinus: *De Doctrina Christiana,* III.10.14.

47 Vgl. Jon Ransom: *God without Thunder.* London: G. Howe, 1931, 14.

48 Eine bemerkenswerte katholische Kritik des »Deutschen Glaubens« bietet Hans Pfeil: *Die Grundlehren des Deutschen Glaubens.* Paderborn: Schöningh, 1936.

49 Rudolf Otto: *Das Heilige. Über das Irrationale in der Idee des Göttlichen und sein Verhältnis zum Rationalen.* München: C.H. Beck, 2014 [1917].

50 Vgl. Thomas von Aquin: *Summa Theologiae,* I. 12.12.

51 Im Deutschen denke ich besonders an die Werke von Joseph Ratzinger/Papst Benedikt XVI., Klaus Berger, Martin Hengel, Gerhard Lohfink, Rudolph Pesch, Marius Reiser und Peter Stuhlmacher. Im Englischen an Werke wie John Bergsma/Brant Pitre: *A Catholic Introduction to the Bible. Volume 1, The Old Testament.* San Francisco: Ignatius Press, 2018.

52 Die Gedanken in diesem Kapitel sind zum Großteil entnommen von Josef Pieper: *Über die Liebe.* München: Kösel, 2014 [1972].

53 Erich Fromm: *Die Kunst des Liebens.* Manesse Verlag, 2016 [1956] (viele Auflagen und Sonderausgaben).

54 Vgl. Ruby Blondell: *Helping Friends and Harming Enemies. A Study in Sophocles and Greek Ethics.* New York: Cambridge University Press, 1989.

55 Vgl. Gerhard Lohfink: *No Irrelevant Jesus. On Jesus and the Church Today.* Collegeville, MN: Liturgical Press, 2014, Kapitel 5.

56 Vgl. Pieper: *Liebe*, 41f.

57 Gabriel Marcel: *Geheimnis des Seins.* Wien: Herold, 1952, 472.

58 Das ist im Grunde die Wurzel des Konflikts zwischen Fénelon und Bossuet im 17. Jahrhundert, siehe Robert Spaemann: *Reflexion und Spontaneität. Studien über Fénelon.* Stuttgart: Klett-Cotta, 2019 [1963].

59 Aristoteles: *Rhetorik*, Buch 2, Kapitel 4, 1380b.

60 Martin Luther: *Weimarer Ausgabe* Band 36, 438, Zeile 20f. (Predigt auf den Text des 1. Johannesbriefs 4,16 vom 16. Juni 1532).

61 Die gründlichste Analyse der Liebe ist m. E. die unübertroffene Studie von Dietrich von Hildebrand: *Das Wesen der Liebe.* Regensburg: Habbel, 1971.

62 C. S. Lewis: *Pardon, ich bin Christ. Meine Argumente für den Glauben* [Originaltitel: Mere Christianity]. Wuppertal: Brunnen Verlag, 1977, 111.

63 Vgl. Lohfink: *No Irrelevant Jesus*, Kap. 18.

64 Der britische Philosoph Roger Scruton hat dazu eine im Deutschen bisher überhaupt nicht rezipierte und gewürdigte, außergewöhnliche Studie vorgelegt: *Sexual Desire. A Philosophical Investigation.* New York: Continuum, 2006, Kapitel 3; siehe auch seine Werke *The Face of God.* New York: Continuum, 2012 und *The Soul of the World.* Princeton: Princeton University Press, 2014, Kapitel 4 und 5.

65 Augustinus: *Confessiones*, III. 6. 11.

66   Vgl. Fulton Sheen: *The Priest is Not His Own.* San Francisco: St. Ignatius Press, 2005, 11–14.

67   Franz Werfel: *Leben heißt sich mitteilen.* Frankfurt: Fischer, 1995.

68   Diesen Gedankengang verdanke ich meinem verehrten Lehrer Prof. Dr. Harald Schöndorf in seinem Buch *Warum musste Jesus leiden?* Köln: Pneuma, 2013. Robert Spaemann war von diesem Buch seines ehemaligen Schülers besonders beeindruckt, wie er mir einige Monate vor seinem Tod noch per E-Mail mitteilte (E-Mail vom 14. Dezember 2017).

69   Dorothy L. Sayers: *The Mind of the Maker.* New York: Harper Collins, 1987 [1941], 187.

70   Vgl. Karl Pfleger: *Nur das Mysterium tröstet.* Frankfurt: Knecht, 1959.

71   Leider sind die Werke Mauriacs im Deutschen seit Langem vergriffen. Im Englischen erfreuen sie sich neuer Beliebtheit. Unter meinen Lieblingsromanen stehen *Natterngezücht* sowie *Der Aussätzige und die Heilige* ganz oben.

72   Pascal: *Gedanken,* 81 (Lafuma: Fragment 139; Brunschwicg: Fragment 143).

73   Vgl. C. S. Lewis: *Über den Schmerz.* Wuppertal: Brunnen, 1988.

74   C. S. Lewis: *Die große Scheidung.* Einsiedeln: Johannes Verlag, [12]2018.

75   Donald und Idella Gallagher (Hg.): *A Maritain Reader. Selected Writings.* Garden City, NY: Image Books, 1966, 111f.

76   Vgl. Andrew Wernick: *Auguste Comte and the Religion of Humanity.* Cambridge: Cambridge University Press, 2001. Vgl. Auguste Comte: *Rede über den Geist des Positivismus.* Hamburg: Felix Meiner Verlag, 2015. Immer noch lesenswert ist Lucien Lévy-Bruhl: *Die Philosophie August Comte's.* Leipzig: Verlag der Dürr'schen Buchhandlung, 1902. Eine wichtige katholische Auseinandersetzung mit Comte ist von Henri de Lubac: *Über Gott hinaus: Tragödie des atheistischen Humanismus.* Einsiedeln: Johannes Verlag, 1984, 95–186.

77   Leider habe ich keine deutsche Übersetzung von Russells berühmtestem Essay »Vom Gottesdienst des freien Menschen« (*A Free Man's Worship*) gefunden. In der deutschen Ausgabe seines Buches *Warum ich kein Christ bin* fehlt er überraschenderweise. Daher habe ich nach der amerikanischen Ausgabe übersetzt, siehe Bertrand Russell: *Why I am Not a Christian and Other Essays.* New York: Simon and Schuster, 1957, 107.

78 Vgl. Harald Schöndorf: *Warum musste Jesus leiden?* Köln: Pneuma Verlag, 2013.

79 Vgl. Peter Wust: *Ungewissheit und Wagnis.* Salzburg: Pustet, 1937 und viele weitere Auflagen.

80 Diese Beobachtung über den Sentimentalismus verdanke ich dem 1947 erschienenen Beitrag von Francis Maluf »Sentimental Theology«, abrufbar unter: https://catholicism.org/sentimental-theology.html.

81 C. S. Lewis: *The Problem of Pain.* New York: Touchstone, 1996 [1940], 36.

82 Vgl. Brian Kolodiejchuk (Hg.): *Mutter Teresa. Komm sei mein Licht!* München: Pattloch, 2007. Thomas R. Nevin: *The Last Years of Saint Therese: Doubt and Darkness, 1895–1897.* New York: Oxford University Press, 2013.

83 Vgl. Manfred Lütz: *Lebenslust. Wider die Diät-Sadisten, den Gesundheitswahn und den Fitness-Kult.* München: Pattloch, 2007.

84 Taylor Caldwell: *The Listener.* New York: Doubleday, 1960, VII-VIII. Die deutsche Ausgabe erschien unter dem Titel *Ist da einer, der mich hört?* Wuppertal: R. Brockhaus, 1991.

85 Odo Marquard: *In Defense of the Accidental. Philosophical Studies.* Übers. von Robert Wallace. New York: Oxford University Press, 1991, 81. Leider habe ich die deutsche Ausgabe der *Apologie des Zufälligen.* Stuttgart: Reclam, 1989 nicht zur Hand, um die dortige Seitenzahl anzugeben.

86 Gilbert Keith Chesterton: *Orthodoxie. Eine Handreichung für die Ungläubigen.* Frankfurt: Eichborn, 2000, 259.

87 Vgl. Brant Pitre: *Jesus and the Jewish Roots of the Eucharist. Unlocking the Secrets of the Last Supper.* New York: Doubleday, 2011.

88 Vgl. Rodney Stark: *The Rise of Christianity.* New York: Harper One, 1997, 177f.; ders.: *American Piety. The Nature of Religious Commitment.* Berkeley: University of California, 1970.

89 Vgl. Spaemann: *Das unsterbliche Gerücht,* 187.

90 Vgl. Spaemann: *Das unsterbliche Gerücht,* 203.

91 Vgl. Benedict Groeschel: *Healing the Original Wound. Reflections on the Full Meaning of Salvation.* Ann Arbor: Servant Publ., 1993.

92 Vgl. Scheler: *Vom Ewigen im Menschen,* 10 (»Reue und Wiedergeburt«).

93 Scheler: *Vom Ewigen im Menschen,* 12.

94 Scheler: *Vom Ewigen im Menschen*, 17f.

95 Vgl. Papst Franziskus: *Über die Selbstanklage*. Freiburg: Herder, 2013.

96 Vgl. Hildebrand: *Die Umgestaltung*, Kap. 1 und 2.

97 Die besten theologischen Einführungen zu Chesterton sind Aidan Nichols: *G. K. Chesterton, Theologian*. Manchester: Sophia Institute Press, 2009 und David Fagerberg: *The Size of Chesterton's Catholicism*. Notre Dame: University of Notre Dame Press, 1998.

98 Gilbert Keith Chesterton: *The Collected Works*. Bd. 1. San Francisco: Ignatius Press, 1986, 143.

99 Vgl. Roger-Pol Droit: *Fünf Minuten Ewigkeit. 101 philosophische Alltagsexperimente*. München: Heyne, 2010.

100 Die grandiose Studie von D. C. Schindler: *Freedom from Reality. The Diabolical Character of Modern Liberty*. Notre Dame: University of Notre Dame Press, 2017, ist in Deutschland noch gar nicht zur Kenntnis genommen worden.

101 Vgl. Hans Urs von Balthasar: *Der Christ und die Angst*. Einsiedeln: Johannes Verlag, 1989.

DER AUTOR

Ulrich L. Lehner, Prof. Dr., geb. 1976, hat Philosophie, Theologie und Geschichte in Regensburg, München und Notre Dame studiert. Promotion zum Dr. theol. 2006; Habilitation in Geschichtswissenschaft 2015. Von 2006 bis 2019 war er Professor für Theologie an der Marquette University, Milwaukee, USA. Er ist Inhaber des William K. Warren Lehrstuhls für Theologie an der US-amerikanischen Eliteuniversität von Notre Dame, Indiana, und Verfasser zahlreicher Werke, die in mehrere Fremdsprachen übersetzt wurden.

Heilig, nicht beliebig

224 Seiten | Gebunden mit
Schutzumschlag
ISBN 978-3-451-34890-7